プロ野球「因縁の対決」読本

球史を彩った超人たちの29のストーリー

手束 仁

Jin Tezuka

清談社
Publico

プロ野球「因縁の対決」読本

球史を彩った超人たちの29のストーリー

はじめに

なぜ、プロ野球ファンは「ライバル対決」にひかれるのか

　野球はチーム競技である。プロ野球はセ・リーグとパ・リーグの6チームずつ12球団が各フランチャイズを持って戦う。プロ野球ファンのほとんどは贔屓《ひいき》チームがあり、そのチームの応援を生き甲斐《がい》としている人が多くいる。そうして贔屓チームの勝ち負けに一喜一憂しながらプロ野球を楽しんでいる。

　しかし、そんなチームの応援をベースとするプロ野球であるが、もうひとつの見どころとして、火花を散らすようなライバル同士の対決が挙げられる。ことに高いレベルの選手同士である。強いこだわりを持ってしのぎを削り合う因縁の対決があるのは当然だ。

　同世代の好敵手が時にはタイトルを争い合うこともある。また、時にはペナントをめぐる戦いを繰り広げる対戦もある。

　それだけではない。チーム内でのエース争い、四番争いなどのポジション争いもある。はたまた高校野球や大学野球などアマチュア時代からのライバル同士の対決構図もある。

そしてプロ野球ファンとしては、そんな因縁の対決に胸躍らせた経験があるはずだ。

昭和前半に始まったプロ野球だが、太平洋戦争での中断を経て、2リーグ制となって、日本シリーズでの因縁の対決が多くのドラマを生んだ。昭和から平成にかけての時代のプロ野球はチーム同士の勝負を超えた男と男の意地のぶつかり合いや、どうしても負けたくない相手との戦いに、試合の展開を度外視して挑んできた。そんな対決に胸を躍らせた経験がある野球ファンは少なくないはずだ。

そこで本書では、そんなプロ野球史を彩った好敵手同士の対決をクローズアップした。往年のプロ野球戦士から、いまを時めく選手たちまで、熱き戦いに思いを馳《は》せる書として企画した。

本書の執筆を進め、過去の記録や結果を見直す作業を進めるうちに、これはひとつのプロ野球史としての意味もあるのではないかと思えてきた。プロ野球は発足して70年以上の年月を経ているが、さまざまな名勝負に、いろいろな因縁がからんでいる。それを掘り起こすことには大いに意義があるのではないか。

ライバル同士、誰かがいるから、対抗して意地を張れる。だからこそ、記録を残せたり、活躍できたりしたことがあるだろう。そんな因縁もいくつか拾い集めた。

プロ野球の歴史を味わいながら、勝負の世界で生きてきた男同士、侍同士の意地のぶつかり合いを思い起こしていただけたら、筆者冥利に尽きる。

なお、現役選手の所属チームは2023（令和5）年7月20日現在のものである。

手束《てづか》　仁《じん》

プロ野球「因縁の対決」読本

［目次］

第4章 タイトル争いを演じた「因縁の対決」

第5章 覇権を争った「因縁の対決」

第1章

プロ野球史を飾った「因縁の対決」

投手vs.打者の真剣勝負。
エースが渾身《こんしん》の投球をして一球に懸ける、
それに対して一打に懸けて立ち向かうスラッガー。
チームプレーでありながら一対一の真剣勝負は、
プロ野球最大の見せ場といえる。
ファンを沸かせた、歴代のそんな対決を選出してみた。

長嶋茂雄×村山実

「伝統の一戦」を象徴する名シーンにいたる道のり

いわゆる「因縁の対決」といわれる対戦。「永遠のライバル」や「宿命のライバル」という言葉があるが、昭和のプロ野球人気を右肩上がりにする最大の要素となった読売ジャイアンツ（巨人）の長嶋茂雄と阪神タイガースの村山実こそ、まさにそれに値するものだった。日本のプロ野球が国民的娯楽として成長する過程で最大のライバル構図だった二人だ。その対決はその後のプロ野球人気を隆盛に導くことになった。

時代は太平洋戦争の敗戦から立ち上がった日本が復興して15年以上を経たころ。社会は高度経済成長とともにプロ野球が隆盛を迎える時期だった。メディアとしてはテレビが右肩上がりで家庭に普及した時代だ。

そんななかで、いわゆるゴールデンタイムに放映されるプロ野球中継は多くの視聴者の心を捉えた。ことに当時はまだ家庭でのテレビ鑑賞は貴重な時間だった。そして、そのテレビにはチャンネル権があって、ほとんどの家庭では一家の経済的基盤を握っているオヤジ世代にあった。

そのオヤジたちはプロ野球の勝敗に一喜一憂した。だから家庭に帰ってきたら、即座にチャンネルをナイター中継に合わせる生活パターンが定着した。

当時のプロ野球中継はＮＨＫを除くと、巨人の親会社である読売新聞の系列の日本テレビが巨人の本拠地である後楽園球場の試合中継権を独占していた。

そんなことがあって、いつしかプロ野球中継といえば巨人戦という構図が定着した。対戦相手として最も注目されたのが阪神だった。メディアの煽《あお》りがあったかもしれないが、フランチャイズ地域として〝東京vs.大阪〟という対決構図が要素として大きかった。

その看板選手だったのが、巨人は佐倉一（現・佐倉）から立教大に進学し、当時は人気でプロ野球をしのぐといわれていた東京六大学野球で通算本塁打記録をつくってプロ球界に入団してきた長嶋茂雄だった。プロ入り早々から押しも押されもせぬスター選手となった三塁手のスラッガーである。

これに対して阪神の村山実は住友工（現・尼崎産業）から関西大に進み、関西六大学野球（現・関西学生野球連盟）で活躍した投手で、生粋の関西人。西のスター選手として鳴り物入りで阪神入りした投手である。

当時の東西の人気球団に学生野球で人気があった打者と投手がそれぞれ入団した。これだけでもライバルとしての対戦構図は十分に成り立つのだが、それを決定的にしたのが1959（昭和34）年6月25日の後楽園球場でのセ・リーグ公式戦「巨人・阪神」の11回戦だった。その日はプロ野球史上初の天覧試合として天皇・皇后両陛下（昭和天皇、香淳皇后）を後楽園球場にお迎えしていた。

両チームは激しく首位を争っていた。試合は巨人が藤田元司、阪神が小山正明と両エースの先発で始まった。

試合展開は予想外の乱戦となり、7回までに4本塁打が乱れ飛んで4対4。阪神の田中義雄監督は7回、早稲田実業出身の新人の王貞治に同点2点本塁打されたところでエース小山を降板させ、ゴールデンルーキーの村山を送り出した。村山は起用に応えて力投し、後続を断ち、8回も一番からの相手打線を三者凡退で抑えた。

そして迎えた9回、巨人の先頭打者は「四番、サード、長嶋ぁ〜」とアナウンスされた。その長嶋がカウント2—2からの5球目を叩《たた》くと、打球は左翼ポールを巻くようにして左翼スタンド上段に飛び込んで、劇的な天覧試合でのサヨナラ本塁打となった。後日、村山は「あれはファウルやった」と言い張って、ライバルに最も目立つシーンで敗れたことを否定した。それくらいに村山としても、こだわりが大きかった。

ただ、いずれにしても、この瞬間から投手村山と打者長嶋の対決は、「因縁の対決」として、メディアなどでことのほかクローズアップされるようになった。

この日の登板に関しては、じつは村山は連投である。前日も救援して4イニング62球を投げていたのだ。いまでは考えられない投手起用だが、当時はエース級の投手として当たり前のことだった。その年の村山は巨人戦で最終的に10試合に登板して3勝を挙げている。

この一発以降、村山は巨人戦では意地の投球をして圧倒的なテンションの高さで立ち向かった。ましてや四番長嶋に対してことのほか闘志を剝き出しにした。こうして「巨人vs.阪神」という東と西の老舗のチーム同士ということもさることながら、それ以上に「長嶋茂雄vs.村山実」の対決がクローズアップされていく。

そんな社会的なムードが出てくると、打者長嶋と投手村山の対決は野球というチームスポーツを超えたかたちになる。まるで当時人気だった大相撲での若乃花と栃錦の〝栃若〟、大鵬《たいほう》と柏戸《かしわど》の〝柏鵬《はくほう》〟の対決のように一対一の人と人との対決のように捉えられるようになった。

イメージとしては、〝柏鵬〟にたとえるなら、マウンドで悲壮感を漂わせていた村山は横綱に昇進してから故障が多かったこともあって、いくらか不遇の横綱のイメージがあった柏戸で、長嶋は優勝回数が多く、つねに陽《ひ》の当たる場にいたイメージがある大鵬という構図になるだろう。

村山の長嶋に対する投球実績は302打数85安打という数字が残っている。打率は2割8分1厘。この数字だけを見ると、野球という競技のなかでの個人対決の結果だ。どちらに軍配を上げていいのかわからない。

ただ、ひとつだけいえるとしたら、村山という投手は長嶋という打者の存在によって、より輝けたということ。そして天覧試合で劇的サヨナラ本塁打を浴びたことで戦う男として燃えたということだろう。

そして、それが終生、投手村山実のイメージをつくりあげたといっていい。それだけの意味がある「因縁の対決」だったということだ。やはり、日本のプロ野球で対決構図を語る場合に最初に取り上げることに異論はないはずだ。

王貞治×江夏豊

節目の記録を生み出した対戦をめぐるドラマ

プロ野球隆盛期をつくりあげたセ・リーグのライバル球団、巨人と阪神。そのライバル構図は選手の対決としては象徴的なのが前述した「長嶋茂雄vs.村山実」だとすれば、プロ野球円熟期の投打の対決構図としては「王貞治vs.江夏豊」ということで間違いない。もちろん、王と長嶋は巨人の黄金期を代表する中軸打者であり、村山と江夏もつねに巨人と優勝争いをしていた阪神の投手の二枚看板である。

王は1940（昭和15）年、江夏はその8年下の1948（昭和23）年で、ともに5月生まれ。8歳の違いはあったが、お互いに好敵手として認め合っていた。

王は早稲田実業出身で、高校2年次には春の選抜大会で優勝投手になっており、夏の甲子園でノーヒットノーランを達成するなど高校時代から栄光を浴びていた。

これに対して江夏は当時、まだ甲子園出場実績がない大阪学院でエースとして君臨し、スカウトのあいだでは「粗削りやけど、大阪学院にえらい球の速い左ピッチャーがおる」ことで知られていた。

1966（昭和41）年のドラフト会議で、江夏は4球団が競合したが、抽選で関西地区で最も人気がある阪神が交渉権を獲得して入団する。江夏という投手のその後のキャリアなどを考慮しても最も適した球団に入団したのではないだろうか。

そして江夏自身も新人の年から阪神の主軸として投げたい意気込みを示した。阪神にとって最大のライバルチームである巨人に対しては、ことのほか闘志を剝き出しにした。しかも当時の巨人には王と長嶋という日本のプロ野球を代表する打者が中軸に座っていた。

当時、阪神には村山がエースとして君臨しており、村山は長嶋に対してのライバル意識を剝き出しにした。だから村山は江夏に対して「お前は王をライバルとしていけ」と語ったという逸話がある。

実際、江夏自身も、あるインタビュー記事で、「自分の現役時代を振り返ってみると、やっぱり王さんとの対決がいちばん印象に残っているんです」ということを述べていた。

江夏はルーキーイヤーに、巨人戦に初登板で初勝利している。その勝ちは偶然の産物だった。

阪神の先発は村山だったが、血行障害で投げられなくなった。いまのように継投を前提として計算していない当時の投手起用である。エース村山は完投と考えられていた。それが急遽《きゅうきょ》、投げられなくなって藤本定義監督は慌てた。ブルペンと相談したら、新人の江夏しか投げていないというのだ。

「しゃあないなぁ、それなら江夏にほうらすか」

ということで江夏のリリーフとなった。そして江夏は見事、三振を奪っている。それが江夏と王との最初の対決だった。

以降、幾度となく対決を重ねていくことになる。

そのなかで最も二人の対決として語られているのが江夏の入団2年目、1968（昭和43）年9月17日のことだった。

江夏は、この日の試合であと8個三振を奪えば稲尾和久の持つシーズン通算奪三振記録（353）に並ぶところまできていた。絶好調の江夏は、その記念すべき通算奪三振記録を王から達成しようと考えた。

立ち上がりからエンジンフル回転の江夏は初回から2つずつ三振を奪った。そして4回にも2つ目の三振を王から奪った。「よし、新記録達成だ」と勇んでいた江夏だったが、捕手の辻恭彦《つじやすひこ》から「これでタイ記録だ」といわれた。江夏としては「あと8個」という数字を勘違いしていたのだ。

しかし、ここからが江夏のすごいところ。

以降の打者には打たれないように、かつ三振を奪わないように投げ、再び王と対した7回。満員の観衆は、まさに江夏が意図的に王から新記録を達成しようとしていることはわかっていた。そんな注目の対決は力勝負で江夏がストレートで三振を奪ってシーズン通算奪三振記録（354）を達成した。以降、両者の対決は「巨人vs.阪神」という、いわば伝統の一戦といわれるカードとしての注目度を超え、「因縁の対決」としてファンの関心は高まっていく。

江夏はこの年、結果としてはシーズン401三振を奪っている。この記録は、いまだに破られていない。オールスターでの9人連続奪三振とともに永遠に不滅の快記録といっていい。

なお、王と江夏の対決数字は以下のようになっている。

通算258打数74安打20本塁打。打率は2割8分7厘。三振は57で四球も57。ただし、死球は0だからすばらしい。これは江夏が真っ向勝負を挑んで基本的にはストレート勝負していたことの証明だろう。

この数字は長嶋vs.村山と同様に、どちらの勝ちかというと非常に難しい。ただ、いえることは、つねに全力を注いだ真剣勝負だったということだ。

それは王から最も多く本塁打を打たれた投手が江夏であるとともに、王から最も多くの三振を奪った投手も江夏だったところからも、その二人のこの因縁の対決に挑む姿勢が見えてくる。

そこにはお互いにリスペクトし合う本当の意味でのライバルだったことをうかがうことができる。

江川卓×掛布雅之

1970年代後半から1980年代を代表するライバル対決

プロ野球の世界にまだ「○○世代」のような言葉がなかった1980年代。それでもプロ野球の世界に身を投じた選手たちは高校卒業からすぐに入団する選手と、大学進学後に入団する選手、さらには社会人野球を経てプロ入りする選手などがプロ野球の世界で再会するなど、それぞれのプロセスを経ているケースが多い。

ただ、入団年は異なっていても、プロ野球選手たちは、やはり高校の同級生が最も気になる。それは日本の野球界が高校野球がベースになっているからだ。

同世代の選手が高校生で入団するケースと、大学野球を経て入団するケースで、それだけで4年の時間差が出る。ただ、大学野球を経て入団した選手はプロから高評価で「即戦力」といわれる。高校からプロ入りした選手はその間にプロの世界で基礎的な体力や技術を教え込まれる。

そうしてプロ野球の舞台で同世代の選手たちが異なる世界を経て対戦し、それが見どころになる。場合によっては、片方は高校時代はそれほど知られていなかった存在だったのが、いつしか注目選手に成長し、プロの舞台で対決のステージを得ることもある。

巨人でエース投手として君臨した江川卓《すぐる》と阪神の四番打者として活躍した掛布雅之も、まさにそんな関係だった。

二人はともに1955（昭和30）年5月と生まれ月まで同じ同級生である。

ただ、二人のプロ入りに関しては時期も経緯もまったく異なる。

江川は作新学院時代、投げるたびにノーヒットノーランを達成するなど「怪物投手」と呼ばれ、全国的に注目の投手だった。初めて甲子園に姿を見せたのが1973（昭和48）年春の選抜大会で、いきなり開幕戦で北陽（現・関大北陽）から19三振を奪うなど、華々しくデビューしている。

結局、甲子園での江川の成績は、春はベスト4、夏は2回戦敗退で、優勝はなかったものの、この年の高校野球は江川の話題で持ちきりだった。ちなみに江川・作新学院を夏の甲子園で下すのが習志野と同じ千葉県の銚子《ちょうし》商だった。

甲子園出場は、じつは掛布のほうが早く、2年の夏に習志野の四番・遊撃手として出場している。当時の評価は2年生ながらミート力がある好打者というものだった。ただ、翌年のドラフトの目玉になるのかというと、そこまでの存在ではなかった。

1973（昭和48）年秋のドラフトでは江川は目玉だったが、慶應義塾大進学希望を打ち出していた。そこを阪急ブレーブス（現オリックス・バファローズ）が敢然と1位指名をしたが、江川は拒否。結局、東京六大学の法政大に進学した。

そのドラフトで掛布は阪神の6位指名で入団した。ドラフト前に事前に阪神の入団テストのようなかたちで練習に参加し、「大学、社会人に勧誘されても行かない」という条件で指名された。当時はそんなことも容認されていた時代である。2年時に甲子園に出場していたとはいえ、全国的にはほとんど無名の高校生内野手である。さほど話題にならず、注目されなかった。

4年後のドラフトで法政大・江川はドラフトの目玉となっていたが、本人は巨人志望を打ち出していた。当時の制度では抽選で指名順位を決める方法だったが、1位指名をしたのは福岡市に本拠地を持つクラウンライター（現・埼玉西武）ライオンズだった。江川は「福岡は遠すぎる」などの理由で入団を拒否。作新学院職員という身分で浪人となった。

そして翌年のドラフトの前日に、「空白の1日」を突いて強引に巨人に入団することになる。

一方、掛布は入団2年目からレギュラーを獲得。入団5年目には阪神の看板選手となった。シーズン打率は3年目からは3割をキープ。4年目のオールスター戦では3打席連続本塁打を放つなど押しも押されもせぬスター選手となった。マスコミは「若トラ掛布」と持ち上げた。掛布を応援するレコードまで発売される人気ぶりだった。

一方、すったもんだの挙げ句、掛布から遅れること5年後に巨人に入団した江川は新人の年の1977（昭和52）年は巨人の出場自粛措置で開幕から2カ月は登板できず、プロ初登板は6月になってからになった。

阪神掛布との初対決は江川が先発した7月7日の後楽園球場だった。当然のことながら三番打者の掛布との対決は初回にいきなりやってきた。江川は難なく二人を抑え、二死走者なしの場面だった。

新人の江川は吉田孝司捕手のサインに首を振ることなく、初球はカーブから入った。江川は、のちに「本当はストレートで入っていきたかったのだけど、新人投手であり、あのときは先輩の捕手のサインに首を振ることができなかった」と振り返っているが、掛布はそれをゆっくり見送っている。

そして打者有利のカウントとなってから、江川が決めにきたカーブを捉えてライトスタンドに本塁打している。こうして初対決は掛布がプロでのキャリアの差を見せつけて勝利している。

以降、二人の対決は江川が引退する1987（昭和62）年までの9年間続く。それは、やがて球界を代表する巨人のエースとミスター・タイガースの対決として1970年代後半から1980年代半ばまで続く。

さまざまな局面で二人はライバルとして、つねに真っ向勝負を挑んだ。それはチームのためというより、男と男の一対一の真剣勝負というスタイルだった。だから江川は最も得意とするインコース高めのストレートで勝負にいき、掛布はあえてその球を狙った。

それはチームバッティングとかフォア・ザ・チームという精神より、勝負師としての男の意地の対決だった。そんな二人の対決は167打数48安打33打点で、打率は2割8分7厘で本塁打14本。江川が奪った三振は21、与えた四死球は18という数字が残っている。ちなみに江川にとって14本塁打された打者は掛布と山本浩二（広島カープ）しかいない。

また、1982（昭和57）年9月4日の甲子園での試合では、江川は後にも先にも唯一、掛布を敬遠している。得意のホップするようなストレートが最も走っていた時代だっただけに、江川としては忸怩《じくじ》たる思いの敬遠だっただろう。

エピソードとしては、じつは江川の作新学院と掛布の習志野は夏の大会を前にした練習試合で対戦しているのだが、掛布は変則ダブルといわれる前の試合で死球を受け、作新学院との試合には大事を取って出場していなかった。

また、二人の対決は基本的にはストレート勝負をお互いが意識していたようだ。カーブで入ってきたとしても、掛布はあえてその初球は振らない。そして江川のベストのストレートを叩けるかどうかに賭ける。江川は、いかに掛布をストレートで抑え込めるかを、お互いの調子を測る要素としていたのではないだろうか。

同年齢のライバル対決は、プロ入りの年は異なっていても、プロ野球を代表する因縁の対決になっていったのである。

清原和博×伊良部秀輝

「武骨な男」同士が躍動した力と力の真っ向勝負

まさにいかつくてゴツい昭和時代の野球選手という印象のPL学園の清原和博と尽誠学園の伊良部秀輝。伊良部は学年にして清原の2年下となる1969（昭和44）年生まれである。高校時代にはともに甲子園出場を果たしており、清原は甲子園のスターとして輝いていた。

清原は1年生からPL学園の四番を任される存在だった。当時のPL学園は大阪だけでなく全国で名を知られた野球の強豪校だった。また、選手たちは地元だけでなく全国から「われこそは」と思う逸材が集まっていた。そんな有望中学生をかき集めるべくスカウト網がしっかりできていた。そんなチームで1年生から四番打者としてチームの中軸を任された逸材である。能力が低いわけがなかった。

期待どおりに清原は甲子園で活躍し、チームは1年の夏と3年の夏は全国制覇を果たし、2年時は春夏準優勝。その不動の四番打者であり続けた。ドラフトでは当然、目玉選手として話題になったが、本人は人気球団の巨人を熱望した。しかし、現実のドラフトでは西武(現・埼玉西武)が1位指名。それでも清原は入団してプロの世界に一歩踏み出した。

清原が華々しくプロデビューし、シーズン打率3割4厘、31本塁打という高校卒で入団した選手としては驚異的な記録を残した1986(昭和61)年のシーズンだった。その年の夏に伊良部は尽誠学園の2年生エースとして甲子園出場を果たしたものの、初戦敗退。さらに翌年も甲子園に出場し、鈴木健(西武)がいた浦和学院を下したものの、3回戦では仁志敏久(巨人)、島田直也(日本ハム)らがいた常総学院に敗退している。

それでも、その年のドラフト会議でロッテ・オリオンズ(現・千葉ロッテマリーンズ)から1位指名を受けてプロ入りを果たした。まだいまのようにセ・リーグとパ・リーグの交流戦がなかった時代である。伊良部がパ・リーグのロッテに入団したことによって清原との対決が実現することとなった。もし、清原が本人の希望どおりに巨人に入団していたら、伊良部と清原のライバル関係はここまで成立していなかったのではないだろうか。

伊良部は当時のロッテの投手陣の層が薄いこともあって、1年目から起用されていた。ただ、スピードはあっても制球がよくないということで、もうひとつ首脳陣からの信頼が低かった。使われ方は、先発だったり、ショートリリーフだったり、抑えだったりというものだった。

伊良部が注目を浴びたのは入団2年目の1989(平成元)年、清原との対決で当時の球界最速156キロをマークしたことによる。「日本最速投手」という看板を背負うこととなったが、その相手が清原だったことが大きい。そして、このことがクローズアップされて清原も伊良部を意識し、伊良部は清原を意識していくこととなった。

ただ、当時の伊良部はまだ不安定で、翌1990(平成2)年は8勝を挙げて「エース格になっていくのか」と思わせたが、その翌年は3勝止まり。まだまだ調子にムラがあった。新人王に輝き、西武の中軸というだけでなく、すっかりパ・リーグを代表する打者に成長していた清原に比べると、まだ格下の印象だったことは否めない。

伊良部を清原のライバルとして多くのファンが認めるようになったのは、1992（平成4）年のゴールデンウィークの西武戦で清原に対して当時の最速記録となる158キロを表示した球だった。清原はその球をファウルしている。

伊良部はムキになってストレート勝負で立て続けに157キロの速球を投げ込んだが、清原はそれを捉えてフェンス直撃の二塁打にしている。ここで両者の対決は「平成の好勝負」として大きくクローズアップされるようになった。

さらに伊良部自身も「ただ球が速いだけでは、プロではやがて打たれてしまう」ということを実感したと、のちに語っていた。そしてスピード勝負だけでなく投球術も身につけていくようになった。こうしてシーズン後半には7連勝を記録するなどして確実にロッテのエース格としての地位を築いた。

チームの伊良部に対する起用法は確実にローテーション投手の一角となっていく。安定したポジションを得たことで伊良部自身は成長していった。

最速投手の伊良部と強打者清原の対決は以降、「平成の名勝負」としてメディアの注目を浴びるようになり、両者はお互いに意識したようだ。伊良部はスポーツ紙などのインタビューに対して「いつかは160キロをマークして清原さんを三振に取りたい」「清原さんがいたからスピードアップさせることができた」と清原を意識した発言をしていた。

伊良部はその後、ニューヨーク・ヤンキースに移り、メジャーである程度活躍したものの、ケガもあって、やがてリタイア。2002（平成14）年には日本プロ野球に復帰して阪神入りを果たしている。

一方、清原は1996（平成8）年オフにFA（フリーエージェント）宣言をし、高校時代からの憧れだった巨人入りを果たしている。こうして、やがてパ・リーグの看板対決のひとつといっていい「平成の名勝負」は伊良部の阪神入りによって、お互いにやや色あせた感を漂わせながら、球界の名門同士での「平成の名勝負」を演じていくことになった。

しかし、全盛期だったパ・リーグ時代ほど盛り上がらなかった印象である。

両者の対戦数字としては129打数37安打で2割8分7厘、本塁打11で三振は41という記録が残っている。被安打より奪三振が多いのは伊良部の意地といっていいだろうか。

やはり、拮抗《きっこう》した好勝負だったのだなと思わせる数字だといっていいだろう。

ただ、引退後はともに必ずしも現役時代の華やかさはなかった。清原は覚醒剤使用で逮捕されたことが報じられた。一方、伊良部はアメリカでひとり寂しく自死していたことが報じられた。

イチロー×松坂大輔

数字で読み解く「天才vs.怪物」の対決の歴史

「今日で自信が確信に変わりました」

これは1999（平成11）年5月16日に横浜高校から入団したての西武の新人・松坂大輔がオリックス・ブルーウェーブ（現バファローズ）の超アベレージヒッターで球界を代表するスーパースターのイチローから3打席連続三振を奪って勝利投手となった試合後に記者に囲まれての会見で発せられた言葉である。

球界の大先輩であり、すでに当時はスーパースターとなっていたイチローに対して真っ向勝負を挑んで奪った三振だった。だからこそ、松坂自身としては「これだったら、自分はプロの世界でやっていける」ことを実感して自然に発せられた言葉だった。そんな思いを素直に述べたのだろうが、その後、メジャーに進んで海の向こうでファンを驚かせる活躍をすることになるイチローとしては、高校を出てすぐの新人にそんな発言をされた無念さはあったはずだ。

それでも、さすがにイチローである。彼はこの松坂との初対決で喫した3三振をひとつのバネとして、さらに自身を磨いていく。

松坂とイチローの2度目の対決はその約1カ月後、6月23日の西武ドーム（現ベルーナドーム）だった。この試合でイチローは松坂から左犠飛で三塁走者を返し、次の打席ではイチロー得意のコースを中前にはじき返している。

いずれもストレートを狙い打ったものだったが、イチローは高校時代から「センター前ヒットなら、いつでも打ちますよ」といってのけ、当時の愛工大名電の中村豪《たけし》監督の度肝を抜いたが、それはハッタリでもなんでもなく、イチローの打撃スタイルからしたら、当たり前のことだったのだろう。

そして時の剛腕・松坂に対して最初の対決で3三振を喫し、結果的には完敗したものの、そこはしっかり学習していた。

この日のイチローは松坂の投球をしっかり見きわめ、あとの2打席は左飛と二塁ゴロだったが、いずれもイチローらしく、しっかり芯で捉えたものだった。

そして迎えた3度目の対決は約2週間後の7月6日だった。

松坂はここまですでに6勝を挙げていた。開幕3カ月足らずで6勝ということは、月2勝を挙げていて、新人ながらローテーションの一角を担う存在となっていた。この日の試合では8回まで松坂はオリックス打線を0に抑えていた。

イチローに対して遊ゴロ、二ゴロ、三邪飛と打ち取っていた。初対戦からここまでの対決を見てみると、松坂がイチローに投げ勝っているといっていいだろう。それは松坂が描いた「確信」どおりだったといえよう。

試合の展開から、9回の対戦ではイチローが（本塁打を）狙ってくることはある程度、想像できた。そんなイチローに対して松坂の初球ストレートは145キロを表示したが、高めに外れた。そして2球目は武器でもある高速スライダーでカウントを整えにいく。

しかし、イチローはその球を狙いすましたかのように振り抜いていき、打球はセンターバックスクリーンの左に飛び込んだ。イチローが松坂から本塁打を放った瞬間だった。それは、しっかりセンター後方に運ぶ完璧なものだった。しかもイチローとしては、これがプロ入り通算100号目というメモリアルアーチだった。イチローは「100号は松坂から打つ」ということはある程度、意識していたという。

その証拠に後日、イチローは「あの本塁打は狙って打った」ということをコメントしていた。本塁打を狙って打てるのもイチローのイチローたるゆえんなのだが、芯の少し上めで捉えて打球を少し上に上げて運ぶ技ありの一打だ。しかも意識した100号本塁打である。イチローとしてはこの一本で松坂に対して初対決からの屈辱をなんとか仕返ししたということになったのかもしれない。

もっとも、イチローのことだから、「あの一本だけでリベンジしたなんて思っていませんよ」というかもしれないが……。

松坂はその直後にマウンドに寄ってきた捕手の中嶋聡（現オリックス監督）にコースが少し甘かったのかと確認しているが、中嶋は「そんなことはない」と打ったイチローが一枚上だったことを認めている。

まさにプロ野球の高いレベルでの投打の対決だった。そして、その対決で打者イチローがプロとしてのキャリアの違いを見せつけたのだ。

この年の松坂とイチローの対決は8月に2度実現している。そのときは、6日のカードでは2打数で松坂が抑えている。さらに20日の対戦では3打数1安打。その一本は投手内野安打だった。こうして松坂が新人の年の対決は、1被弾こそあったものの、数字的には松坂のほうが抑えていた印象である。

さらに翌年も西武とオリックスで何度か対戦している。そして2001（平成13）年、イチローはポスティングシステムを利用してメジャーに進んでいる。

2年間の松坂とイチローの対戦成績としては34打数8安打4打点という記録が残っている。打率としては2割3分5厘ということで、国内対決は数字上では松坂がイチローを上回っていた。

わずか2年間。松坂とイチローは日本のプロ野球の舞台では同時期にプレーしていた時間は、さほど長かったわけではない。

こうして国内対決を経て、イチローは目指していたメジャー進出を果たし、そこで前人未到の記録をつくるのである。

そして松坂は西武で実績を積み上げたのちに、2006（平成18）年のシーズン終了後にイチローと同様にポスティングシステムを利用してメジャーに進出している。

松坂の獲得にボストン・レッドソックスは破格の契約金を提示したが、その根底ではルーキーイヤーにイチローを牛耳った実績を評価していた。松坂がメジャーを目指したころには、すでにイチローはメジャーで実績を積み重ねていた。そのイチローに対して高校を出てすぐの段階で抑えていたということで、メジャーのスカウトたちがその素材力の高さを評価していたということだろう。

メジャーでは2007（平成19）～2012（平成24）年のあいだに二人は対決している。記録としては27打数7安打3打点という数字が残っている。打率は2割5分9厘。イチローとしては必ずしも松坂を打ったという数字ではない。

メジャーのファンに新しいスタイルのベースボール・プレーヤーのかたちを示して感心させたイチローである。しかし、「平成の怪物」といわれた松坂は直接対決ではイチローをほぼほぼ抑えていたことになる。

松坂はプロ入りの前年には高校野球で春夏連覇を果たした横浜高校のエースであり、四番打者を務めていた。甲子園の常連校である強豪校でも、まさにチームの大黒柱だった。チームとしては甲子園での春夏連覇だけではなく、前年秋の明治神宮大会と夏の甲子園後の国民体育大会で優勝。その年度のすべての高校野球全国大会で優勝を果たしている。その主戦投手が松坂だったのである。

あらためて「平成の怪物」だったのだと認識させられた。

第2章

チーム内でしのぎを削った「因縁の対決」

プロ野球は男の勝負の世界である。
それは対戦相手に対してだけのことではない。
それより、「チーム内にこそ最大のライバルあり！」という世界なのである。
というのも、プライドを懸けて四番を争う打者同士、
あるいはエースの座を争う投手同士が繰り広げた戦いもあるのだ。
そんな熾烈《しれつ》な激闘を拾ってみるのも、プロ野球を見る楽しさであるのだ。

長嶋茂雄×王貞治

言わずと知れた史上最強コンビの「本当の関係」

長嶋茂雄と王貞治。この二人こそ、まさに日本のプロ野球全盛期を代表する二大スターであることは誰しも異論のないところだろう。

それは日本の経済成長とともにプロ野球が大衆の娯楽の王者として発展していくことに重なっていたことが重要な要素となる。ことに親会社が新聞社であり、系列テレビ局を持つということもあって、メディアの扱いが最も大きかったのが読売巨人軍だった。その中心選手だったことがスター選手としてメディアを輝かせたという要素があったのだろう。

事実、巨人は昭和40年代（1965〜1974年）には9連覇を果たすなど黄金期を築いていた。そのなかで主軸選手として実績を残して輝いていたのが三番・王貞治、四番・長嶋茂雄の二人だった。

メディアは二人のイニシャルから〝ON砲〟と称して取り上げた。それがいつしかファンのあいだで定着した。当時、テレビのゴールデンタイムといわれていた19〜20時台にナイター中継が多く放映されていた。ただ、現実には地方都市を含めて放送されていたのは日本テレビ系列の巨人戦がほとんどだった。だから自然に巨人の選手は広く知られるようになり、その人気は上がっていった。

その主軸の二人である。しかも放映されているあいだに本塁打を放ったり、大事なところでタイムリー安打を放ったりする存在であれば、やはり多くのファンは心を奪われる。

ところで、そんな二人の関係性は果たして本当はどうだったのだろうか、というところは興味深いところである。これは、どんな社会でもいえることだと思うが、同じ組織内に力のある人物が二人いれば、当然のことながら、表向きは「二人で力を合わせていけば、組織はより強力なものとなる」ということに異論はないだろう。

ただ、お互いが意識すればするほど建前と本音というところは、いささか異なってくるのが現実だろう。長嶋と王との関係性は当然、そんなところがあったのではないだろうか。

長嶋と王は、プロ入りは長嶋が1年早いが、立教大を経て入団している長嶋は早稲田実業から直接入団した王より年齢にして5歳上だ。長嶋は新人1年目から29本塁打、92打点で2冠を獲得して新人王を獲得するなど看板選手としての役を十分に果たしていた。

一方の王は高校2年のときには甲子園優勝投手になっており、投手として育てるのか打者として育てるのかというところで首脳陣は迷った。もっとも、これに対しては当時の千葉茂・二軍監督はすぐに結論を出し、王は打者として育成していくことになった。

しかし、開幕一軍でスタートしたものの、26打席連続無安打など快音にはほど遠かった。それでも27打席目の初安打が本塁打だったのは、やはり「持っている」証《あか》しだったのだろう。もっとも、そのときはまだ普通の二本足打法だった。

そのころの長嶋はすでに巨人の看板選手だった。これに対して、王は一軍選手としてはほぼレギュラーとして試合に出場していたものの、スター選手といわれるほどの存在ではなかった。それが一気にブレイクしたのは1962（昭和37）年のシーズン前に当時の荒川博コーチのもとで一本足打法を磨いたことだった。

これが開花して球団新記録となるシーズン38本塁打を記録して本塁打王を獲得。また、打点も85を記録して2冠を獲得した。これで王は「少しは長嶋さんに近づけたかなと思った」という。さらに翌1963（昭和38）年に、王は40本塁打を記録して連続本塁打王となる。

この年の長嶋は112打点で106打点の王を抑えて打点王に輝いていたが、「本塁打はワン（王）ちゃんに任せるよ」と本塁打打者という冠は王に譲っていいという宣言をしていた。

そして、このあたりから王と長嶋はチームメイトとしてメディアなどで一緒に取り上げられる機会が多くなり、まさにプロ野球は〝ON時代〟を迎える。このころになると、週刊少年マンガ誌などの表紙やグラビアを二人の写真が飾ることが多くなった。

イメージを重んじた巨人フロントは契約更改に関しても事前に電話連絡などをして了承を得て、契約更改日には一発更改でクリーンなイメージを演出した。

こうして1965（昭和40）年からは、まさに三番・王と四番・長嶋が日本のプロ野球を代表するかたちとなり、巨人は連覇を重ねた。これによって、ますます〝ON〟の存在がプロ野球そのものといっていいくらいになった。

そんななかで、王は年齢的に上の長嶋をリスペクトしていた。だから「巨人の看板選手は長《ちょう》さん（長嶋）」ということは、つねに意識していた。しかし、本塁打王だけは譲らないという矜持《きょうじ》があったのは当然だった。

こうしてOとNが競い合い、リスペクトし合うことによって必然的に巨人は勝ち続けることになった。昭和40年代という時代は、プロ野球人気イコール巨人人気という時代だったのだ。

打つべき選手が打てばチームは勝つという、ある意味ではわかりやすい野球だったのだ。しかし、どんなスーパースターにも、やがて年齢による衰えがくるという現実は否めなかった。

昭和40年代の最後の年となった1974（昭和49）年、10連覇を目指した巨人だったが、20年ぶりの優勝となった中日ドラゴンズに阻まれる。そしてプレーヤーとしての衰えを感じていた長嶋は、その年を最後に現役を引退している。また、この年、王は13年連続で獲得していた本塁打王を逃している。

こうしてチームの連覇の金字塔が途絶えるとともに、同一チーム内でのスーパースター同士のライバル関係であるOとNの競い合いは終了したのだった。

選手としてどちらがどうだったということに対しての結論はここでは述べられない。ただ、その関係性を表すとすれば、「記録の王と記憶の長嶋」ということだろうか。

王はその後、引退してすぐに監督に就任した長嶋のもとで四番打者として活躍し続けたが、選手長嶋がいなくなった巨人の戦力は急降下し、長嶋監督初采配の年は最下位に沈む。これはいかんと判断した巨人フロントは長嶋に代わる存在として東映フライヤーズ（現・北海道日本ハムファイターズ）から安打製造機といわれていた張本勲を獲得し、〝OH砲〟として新たに売り出し、翌年は長嶋監督を優勝に導いている。

その後、王は引退後に3年間、助監督を経験し、1984（昭和59）年に監督として巨人を率いることになる。しかし、1988（昭和63）年に連覇を逃したことを理由に解任された。

その後、王は「GIANTS」のユニフォームを着ることなく福岡に移り住み、1994（平成6）年に福岡ダイエー（現・福岡ソフトバンク）ホークス監督となる。ダイエーのGM（ゼネラル・マネージャー）的存在だった根本陸夫の「ONで日本シリーズをやってみないか」という誘い文句が決め手となったといわれている。

そして2000（平成12）年に長嶋第2次政権の巨人と日本シリーズを戦うこととなっ

た。当然のことながらON監督対決となった日本シリーズにメディアは大騒ぎになった。その対決前の両監督の表情は、それまで背負ってきたすべてのものをうっちゃってしまって、「野球をしていることが楽しい」ということを示しているかのようだった。

結果として長嶋巨人が勝ったのだが、そんなことはどうでもよかった。そして、この対決が20世紀の野球に終止符を打ったのだ。

その後、ダイエーはソフトバンクとなるが、王は会長としてチームの頂点に立って統括管理をしている。こうして見ると、王と長嶋の最大の違いはどこにあったのかというと、「GIANTS」のユニフォーム以外を着ることがなかった長嶋茂雄と、巨人にこだわることなく「Hawks」のユニフォームを着てパ・リーグの舞台で戦った王貞治。その点だろうか。

さらにいえば、巨人の東京の地を離れて福岡の地でその後を過ごし続けている王は、巨人以上に野球を愛していたスターだったということがいえるのではないだろうか。

小山正明×村山実

阪神球団の派閥争いが分けた二人の運命

両雄並び立たずということは、さまざまな場面でいわれることである。プロ野球でいえば1960年代の阪神の投手陣の二本柱として存在していた小山正明と村山実こそ、そんな関係ではないだろうか。

小山は1934（昭和9）年生まれで、男女共学となった直後で野球部は創部したばかりの兵庫県の無名校といっても過言ではない高砂《たかさご》で、さほど目立った成績を残したわけではなかった。それでもプロ野球選手になりたいという意思を持って阪神の入団テストを受け、その後に1953（昭和28）年5月にテスト生というかたちで入団している。当時はまだ阪神タイガースではなく大阪タイガースと呼ばれていた時代である。

ファームの試合で好投したことで一軍昇格したが、主に打撃投手として帯同していた程度だった。ただ、それが功を奏したのは、打撃投手は打者が要求するところにきちんと投げないと叱られることで制球が磨かれたからだった。

気がついたら、一軍の試合で起用されるようになっていて、この年5勝を挙げた。これが自信になって翌年はローテーション投手となり、11勝を挙げた。こうしてエース格に成長し、1956（昭和31）年は17勝。阪神の当時の三本柱のひとつといわれる存在となった。このころから「精密機械」と称せられた制球力はますます磨かれた。

そして1958（昭和33）年には5月に7勝をマークするなどの大活躍でシーズン24勝。阪神のエースとなった。このころの武器は持ち前の絶対的な制球力に加えて、魔球といわれたパームボールをマスターしたことだった。1959（昭和34）年にも20勝とエースとして評価される数字を残している。

小山より年齢にして2歳下の村山実は住友工（のちに尼崎産業）から関西大を経て

1959（昭和34）年に阪神に入団している。関西大時代には2年時に全日本大学野球選手権で優勝投手になり、エースとして活躍。リーグ戦で4年時には春秋連覇を果たしており、鳴り物入りで阪神入りを果たしている。

そういう意味では、いわば叩き上げの小山とは対照的だった。最初からエースとしての立場を期待されながらの新人時代だったのだ。

開幕2戦目で国鉄（現・東京ヤクルト）スワローズの金田正一《まさいち》と投げ合って完封勝ちしている。これもひとつの刺激となって、阪神では小山をしのぐ看板投手、人気投手という存在になっていった。

村山の真骨頂は「ザトペック投法」と呼ばれた全身を使って投げ込む力投ぶりだった。それは身長が175センチとさほど大きくなかったことにあった。まさに全身全霊を込めての投球で、その挙げ句に、ここという場面で痛恨の一打を浴びることがあったが、その姿さえ「悲壮感のある投手」ということでファンに支持された。

その最たるものが初の天覧試合で長嶋茂雄に浴びたサヨナラアーチだったのかもしれないが、その一発で村山への注目度が上がったといわれたくらいだ。

ことに当時は圧倒的な巨人人気のなかで、反権力的な思考がある人は村山を応援したといわれている。馬力で投げ込んでいくスタイルは、そんなファンをますます魅了していった。1962（昭和37）年に15年ぶりに優勝した際には初めてのMVPを獲得し、阪神のエースとしての座をしっかり自分のものにした。こうしてマスコミや多くのファンから「ミスター・タイガース」として阪神を代表する選手の評価を得た。

村山より先に阪神のエースという立場になっていた小山だったが、安定した勝ち星を挙げる投手として首脳陣の信頼が厚かった。その制球のよさは見ているファンに安心感を与えていた。村山と小山は間違いなく阪神の二本柱という存在だった。しかし、「ザトペック投法」村山に比べて「精密機械」小山はあまりにも地味だった。というか、ファンの心をつかむ点でいえば村山のアピール力にはおよばなかった。

じつは阪神の2リーグ分立後の初優勝となった1962（昭和37）年は、小山は27勝、防御率1・66。奪三振王と沢村賞を受賞している。片や村山は25勝で防御率1・20はリーグ1位だった。全体の数字的にはわずかに小山のほうが勝っていたのだ。アピール力が評価されたのかどうかはわからないが、前述のようにMVPに輝いたのは2勝少ない村山だった。MVPが記者の投票制だったことが影響していたのだろうか。

このころから「両雄並び立たず」といわれるようになった。そしてチーム内では、お互いが意識するしないにかかわらず、なんとなく二人のあいだに距離を置く空気が出てきていた。

翌年、小山は14勝14敗で、前年に比べるともうひとつ不振だった。そして阪神のチーム事情としては長打力のある打者を欲していた。そんななかで、阪神は大毎《だいまい》オリオンズ（現・千葉ロッテマリーンズ）の山内一弘に目をつけていた。一方で大毎の永田雅一《まさいち》オーナーは「小山君が来てくれたら、ウチの投手陣はよくなる」と言い続けていた。

そうした背景があって、小山は永田に漢気《おとこぎ》を感じたのか、阪神に固執することなくトレードを受け入れた。こうして、のちに「世紀のトレード」と報じられることになるチームの四番打者とエースとの大型トレードが成立した。

結果として阪神の看板エースは、やっぱり村山だということになった。

移籍先となった大毎で小山は、やはり精密なコントロールで投げ続け、移籍1年目の１９６４（昭和39）年には30勝を挙げ、パ・リーグ最多勝を獲得している。その後も正確無比な制球力は衰えず、１９７０（昭和45）年には16勝を挙げ、チームのリーグ優勝に貢献。史上初めての両リーグ通算１００勝以上を達成する。

巨人との日本シリーズに３試合投げたが、勝ちには恵まれなかった。オリオンズでの最後は9勝だったが、大洋ホエールズ（現・横浜ＤｅＮＡベイスターズ）に移った１９７３（昭和48）年まで投げ続け、通算３２０勝を挙げている。

村山は１９６５（昭和40）年、１９６６（昭和41）年と連続で最多勝と奪三振王に輝き、沢村賞を受賞している。そして１９６９（昭和44）年のシーズン後には投手兼任での監督要請を受諾。１９７０（昭和45）年からは投手兼監督としてフル回転。この年は25試合に登板し、14勝3敗で最優秀防御率に輝いている。

しかし、その後はさすがに登板数は減少する。それでも自分がリリーフとして登板することもあり、「リリーフ、オレ」と告げてマウンドに向かっていく姿がカッコよかった。そんな村山だったが、結果としては小山より1年早く、１９７２（昭和47）年に引退することになる。

引退後は１９８８（昭和63）年から2年間、専任監督を務めている。阪神が最も低迷した時期であり、苦しかったのはたしかだろう。それでも「村山阪神」の人気は高かった。こうして最後までミスター・タイガースであり続けた男は精密機械とともにつくりあげられたといっていいのではないだろうか。

江川卓×西本聖

メディアを巻き込んだ「真のエース」をめぐる戦い

「記録より記憶に残る選手でいたい」

これは現役時代に江川卓がよく口にしていた言葉だった。江川は巨人に入団するまでに、かつて球界では例がなかったくらいのトラブルを経て入団している。どうしても巨人入りを果たしたいということで周囲の大人たちがさまざまな裏技などを駆使して巨人入団にこぎつけた。

当時はそんな江川を揶揄《やゆ》して自分のわがままを通すことを「エガワる」などと表現されていたくらいだ。最終的には当時、巨人のエース的存在だった小林繁を阪神にトレードしてまで獲得することで、「人に迷惑をかけている」という印象さえ与えてしまったのだ。

こうして最終的な入団方法が既存のドラフト制度に逆らったこともあって、入団当初からヒールとしてのイメージを背負っていかざるをえなくなっていた。巨人は入団後2カ月の出場自粛を表明。それでも日本を代表する投手であることには変わりない。

これに対して西本聖《たかし》は1974（昭和49）年末に松山商から当時の制度として存在したドラフト外で巨人に入団している。この枠での入団の場合は芽が出れば儲《もう》けもの、場合によっては打撃投手やブルペン捕手などのスタッフでいいだろうという扱いである。

ちなみに、この年の巨人のドラフト1位は鹿児島実業で夏の甲子園ではベスト4にまで進出したエースで人気者になっていた定岡正二だった。この時点では同じ高校生としてプロ入りした同期ではあるが、扱いとしては月とスッポンだった。

それでも西本はめげることなく、当初は打撃投手として投げていた。その間に地道に努力を重ね、2年目の1976（昭和51）年には敗戦処理ながら一軍登板。そして1978（昭和53）年には8勝をマークし、ローテーションの一角になった。

そして、その翌年に大騒動の末に江川が入団してくる。高校の学年としては江川のほうが1年上ということになる。底辺に近い位置からの入団ながら、その後の努力で巨人の主力投手となっていった印象の西本。これに対して江川はすったもんだの挙げ句の入団に加え、2カ月の出場自粛。それでも球団としては特別待遇ということで、多くのファンにとっては「西本に頑張ってほしい」という思いが強くなっていっていた。

なんだかんだといわれつつ、江川は力を示した。初登板こそ万人注視のなかで阪神に敗れるものの、その後は勝ち星を重ねる。シーズン途中からの登場で、それでも9勝はその非凡さを示していた。そして翌1980（昭和55）年には16勝で最多勝を獲得している。やはり獲《と》るべくして獲ったタイトルだった。

もっとも、チームとしてはシーズンを通して優勝争いにからめなかったことで、終わってみれば3位ではあったものの、シーズン最後に長嶋茂雄監督は退任している。

その後に就任した藤田元司監督のもとで、両投手は競い合って巨人の両輪としてチームを引っ張っていった。巨人は5月に首位に立つと、ぶっちぎりの強さを示して4年ぶりの優勝を果たしている。数字的には江川が上回っていたのだが、ここという場面で藤田監督は西本を重用していたかのように見えたのは、同じ愛媛県出身の同郷だからというだけではなかった。叩き上げの西本の逆境に強い精神力を評価していたからだ。

ただ、この年のシーズン最多勝は20勝の江川が18勝の西本をしのいだ。最優秀防御率も最優秀選手賞も優勝に貢献したことで数字的には江川が上回っている。ところが、マスコミの投票で決められる沢村賞だけは西本が受賞した。この結果で江川がマスコミから嫌われているからだというようなことも、まことしやかに語られるようになった。そして、この騒動が、当人の意識以上に周囲に二人の〝因縁の関係〟をクローズアップすることになった。

もっとも、これで「沢村賞も江川だろう」という世論が浮上してきた。そして、その同情論が沸き上がることで、皮肉にも入団以来、ずっと江川が背負わされてきていたヒール感やダーティーイメージが薄らいでいったことはたしかだった。

その年の日本シリーズは当時、後楽園球場を本拠地としていた日本ハム（現・北海道日本ハム）ファイターズと同一球場シリーズということになった。その初戦を江川で落とすと、第2戦では西本が毎回奪三振を記録して勝利。第5戦では完封勝利で2勝目。第6戦は江川が完投勝利で胴上げ投手となった。それでも西本は日本シリーズMVPを獲得して周囲の印象をなんとなくスッキリさせた。

二人が絶好調で巨人が強さを示し切ったこの年が江川vs.西本の対決構図を浮き彫りにしたことはまた皮肉ではあったが、それだけの投手がいたのだから強かったということもいえよう。ついでにいえば、加藤初《はじめ》も12勝で防御率も1位から3位を独占した。それは強いはずである。

西本は1980（昭和55）年から6年連続で2桁勝利を果たしている。また、江川は1980（昭和55）年から5年連続で2桁勝利を飾る。

さらには1980（昭和55）年から1987（昭和62）年までの8年間、交互に開幕投手を務めており、西本が務めた年は3度のリーグ優勝があるのだが、江川が務めた年はいずれも巨人は優勝を逃している。偶然だろうが、そんなところでファンの印象として江川の負のイメージが育っていたのかもしれない。

やがて江川は1987（昭和62）年に広島の小早川毅彦《たけひこ》に逆転サヨナラ本塁打されたことで、「あの球を打たれたら、引退するしかない」と現役引退を宣言。江川なき巨人に残った西本は翌年はわずか4勝に終わる。それでも西本は現役を続行。中尾孝義との交換トレードで中日に移ることになった。

そして移籍1年目となった1989（平成元）年、西本は20勝6敗という成績を残して見事にカムバック。「西本こそ男の中の男だわ。その意気に感動した」という中日ファンが多くいた。

江川は大騒動の入団ののちに活躍したが、わずか9年で現役引退。西本は叩き上げの粘り強さを示し、ちょうど江川の倍となる18年の現役生活を過ごしている。中日で4年間投げたあと、最後はオリックスで1年投げてユニフォームを脱いでいる。

もしかしたら、周囲が思うほど二人は因縁のライバルとは思っていなかったのかもしれない。だが、同時期に同じ球団でエースの座を競い合ったことは事実であり、そこでお互いが切磋琢磨《せっさたくま》し、結果として、それがよかったのではないだろうか。

阿波野秀幸×野茂英雄

「優勝投手vs.大型新人」のたった1年だけのエース争い

全12球団が一斉に1位入札をするシステムのドラフトになって、ひとりの選手に最大8球団が競合したのが新日鐵堺《さかい》の野茂英雄だった。高校は大阪府の成城工という全国的にはとくに知られている強豪校ではない。だが、それだけに、そこで自由に自分のスタイルを崩さないで練習できたことが、その後の野茂の野球人生に大きく影響していった。

社会人野球に進んだ野茂は、球は速いが、制球には不安がある投手だった。それに打者に背番号を見せるくらいに腰をくるっと回転させ、そこから大胆に投げ込む投球フォームだった。そのフォームには賛否両論があったが、社会人野球で結果を残すにしたがって、その投球フォームこそが野茂のスピードを生んでいるのだということになった。そのフォームは〝トルネード投法〟と呼ばれ、やがて野茂の代名詞になった。

野茂が最初に注目されたのは1988（昭和63）年の都市対抗野球だった。1回戦でNTT東京を下すと、2回戦では大昭和製紙と延長17回を戦い、チームはサヨナラ勝ちする。野茂はその試合をひとりで投げ切っている。これでプロ野球関係者にとって、そのスタミナと球威を含めて一気に要マーク選手に昇華していった。

そして当時はアマチュア選手のみで争われたソウル・オリンピックの日本代表として活躍し、銀メダル獲得に貢献している。

3年目の1989（平成元）年には都市対抗で準決勝進出のエースとして活躍し、その年のドラフトの超目玉選手という評価を得たが、その言葉どおり、パ・リーグは西武を除く5球団、セ・リーグは中日、巨人、広島を除く3球団が1位指名で、史上初の8球団が1位入札することになった。抽選の結果、近鉄（現オリックス）バファローズが交渉権を獲得した。

その年は元号が昭和から平成に変わった。近鉄は前年の川崎球場での「10・19決戦」で、ロッテとのダブルヘッダーで連勝が優勝への条件だったが、1戦目を勝ったものの、2戦目が引き分けで優勝を逃した。そして、その悔しさをバネに健闘した近鉄がラルフ・ブライアントの4連発で西武を下すなどして奇跡の逆転優勝を果たしていた。

そのエースとして君臨していたのが阿波野秀幸だった。19勝で優勝に貢献し、最多勝を獲得している。阿波野は「10・19決戦」で負けられない最初の試合で登板して勝利投手となっていた。しかし、2試合目にもリリーフ登板したが、あと2イニング抑えられれば優勝という場面で高沢秀昭に同点弾を浴びている。

阿波野のアマチュア時代の球歴としては、神奈川県の高校野球では公立校ながら健闘していると評価を受けていた横浜市立桜丘《さくらがおか》から東都大学野球の強豪亜細亜大に進学。東都で最も厳しいといわれている徹底した選手管理と練習で鍛え上げられた。

その練習に耐えて着実に成長を遂げ、4年時の1986（昭和61）年のドラフトでは巨人、横浜大洋、近鉄の3球団から1位指名を受け、抽選の結果、近鉄が交渉権を獲得した。セ・リーグの在京球団を希望していた阿波野としては、これまで縁がなかった関西の球団はいささか戸惑いがあったようだ。

それでも強く拒否する理由はなかったため入団し、早々に活躍。同年に愛知工大から日本ハムに入団した西崎幸広とともに〝トレンディエース〟という呼び方をされていた。

これは当時、流行していた人気ドラマが〝トレンディドラマ〟といわれていたことにあやかってつけられた呼び名だった。昭和40年代（1965〜1974年）のプロ野球のエース投手は骨格が太く、下半身がどっしりしていて、尻回りが大きく、傍目《はため》には「ゴツイな」という印象を与えたものである。しかし、そうではなく、どちらかというとスラリとした体形で、いわゆる今風の若者の典型的なスタイルということで、そんな呼び方をされたのだ。

阿波野は1年目に15勝12敗、防御率2・88で201三振を奪い、同じ15勝を挙げていた西崎を抑えて新人王に輝いている。翌年は前日の「10・19決戦」1戦目での勝ち星を含めて14勝。近鉄のエースとして頼られる存在になっていた。そして3年目の1989（平成元）年には19勝をマークして最多勝に輝いている。また、183奪三振で2度目の奪三振王を獲得している。

日本シリーズでは1戦目と5戦目に先発したが、近鉄が3連勝しながら4連敗で日本一を逃す。しかし、当時の仰木《おおぎ》彬《あきら》監督は阿波野をエースとして十分に認めていた。

野茂が近鉄に入団してきたのは、そんな折だった。何せ8球団の競合から勝ち取ったドラフトの超目玉である。当然、即戦力としての活躍を期待されるのだが、仰木監督は阿波野との二本柱で連覇をもくろんだ。

野茂は入団契約の際には「投球フォームを変更させない」という条項を加えていたが、もともと個性重視の仰木監督にとって、そんな条項は別段、気にすることではなかった。そして新時代のプロ野球の顔として野茂を売り出していった。

また、野茂は起用に応え、期待にたがわぬ活躍で、4月29日のオリックス戦では17奪三振を記録。これは当時のプロ野球タイ記録となったが、野茂はそこから4試合連続の2桁奪三振の快投を披露する。さらには7月30日からは5試合連続2桁奪三振で、これは当時の日本記録となった。

こうして〝トルネード投法〟は、ひとつのブームになって、少年野球でこの野茂のフォームをまねようとする子どもが多く現れたが、まだしっかり体ができていない子どもにはとても無理な投球フォームだった。高校野球では球威を増そうと、そんな投げ方を模写する投手が現れたが、よほど下半身がしっかりしていないと体に負担がかかり、あまりすすめられなかった。

それだけ野茂の投球フォームは変則だったが、〝トレンディエース〟の阿波野のスマートさに対し、〝トルネード投法〟の野茂のゴツさは昭和のプロ野球選手のイメージそのままだった。

二人が意識していたのかどうかはわからないが、こうしてタイプの異なる二人のエースは近鉄の看板となる。

野茂は1年目に18勝8敗で287奪三振。新人王はもちろんのこと、最多勝と最多奪三振、最優秀防御率、最高勝率と投手部門のタイトルを総なめにし、MVPを獲得して6冠に輝き、パ・リーグで最初の沢村賞にも選出された。2年目は17勝11敗で奪三振数は同じ287。3年目の1992（平成4）年は18勝8敗、1993（平成5）年は17勝12敗。

しかし、阿波野は1990（平成2）年に10勝11敗と負け越している。左腕の阿波野にとって、ボークの基準となるルールが変更されたことが微妙に影響していたといわれている。また、阿波野が勝ち越せなかったことが近鉄が連覇を逃した要因といわれた。

それ以降、阿波野は一気に勝ち星から遠ざかり、1991（平成3）年は2勝、1992（平成4）年は6勝、1993（平成5）年は1勝しか挙げられなかった。

つまり、野茂と阿波野という対照的なエースが近鉄の両輪として存在していたのは、わずかに1990（平成2）年の1年のみということになる。しかし、ともに近鉄の一時代を築いてチームを支えた大エースだったことは間違いない。

そして図らずも両者はやがて近鉄を去り、野茂は日本人のメジャー進出のパイオニア的存在として海を渡り、大きな成果を上げている。阿波野はその後、細く、長く、1994（平成6）年まで近鉄の投手として活躍し、1995（平成7）年には巨人、1998（平成10）年には横浜（現・横浜DeNA）ベイスターズに移籍し、大学時代に1位入札してくれた球団をすべて経験した選手ということになった。

その後は投手コーチとして、やはり細く長く球界に貢献している。

第3章

アマチュア時代から続いた「因縁の対決」

野球界は世代で語られることが多い。
つまり、高校野球から大学野球、
さらには社会人野球時代に同じ舞台で競い合ってきた
ライバル関係の同世代同士の選手たちが切磋琢磨し合うことがある。
お互いがプロの世界に進むことで、
その因縁をプロに持ち込み、注目される対決となる。
あるいは、その存在を意識させる因縁の関係を取り上げてみた。

平松政次×松岡弘

プロ入り後も続いた「岡山東商vs.倉敷商」の因縁

かつて1960年代の岡山県の高校野球は岡山東商が絶対的な存在となっていた時代があった。

それがピークに達したといっていいのが1965（昭和40）年春で、エース平松政次《まさじ》を擁する岡山東商はコザ、明治（現・明治大明治）、準決勝では静岡をいずれも無失点に抑えて快進撃。決勝でも注目の好打者・藤田平（阪神）がいた市立和歌山商（現・市立和歌山）

を延長13回の末に下して優勝を果たしている。岡山県勢として春夏通じての初めての全国制覇となった。平松は4回に市立和歌山商に1点を献上するまで39イニング無失点の大会記録を出している。

この年の平松と岡山東商は、まさに向かうところ敵なしといっていい状態だった。

その年、岡山県の高校野球は好投手が目白押しだった。岡山東商の県内の最大のライバルとして当時は倉敷商があった。その倉敷商は松岡弘《ひろむ》投手を擁していた。また、関西《かんぜい》に森安敏明（東映）という投手がいて、これが県内3強といわれていたが、春の甲子園を制した岡山東商が頭ひとつリードしているともいわれていた。

準決勝で岡山東商は倉敷商と当たるが、試合は日没引き分け再試合となる。そして再試合で勝利した岡山東商は決勝で森安投手を擁する関西を下して春夏連続出場を果たす。夏の甲子園で優勝候補の一角とされていたが、初戦の日大二との試合は3対1とリードしながら5回降雨ノーゲームとなり、再試合は0対4で敗れてしまう。

こうして高校球児・平松の夏は終わってしまったのだが、プロ入りを目指す平松の野球人生はここからが再スタートとなった。

平松は巨人入りを希望していたが、この年から始まったドラフトで中日が4位で指名している。しかし、平松はそれを拒否。翌年のプロ入りを目指して社会人野球の日本石油（現ＥＮＥＯＳ）に進む。都市対抗野球では準決勝で熊谷組《くまがいぐみ》に敗れている。

一方、そのころ松岡は地元の三菱《みつびし》重工水島に進んで社会人野球で活躍していた。三菱重工水島は本大会に出場できなかったが、都市対抗野球独特の補強制度によってクラレ岡山から２年連続で後楽園の本大会に出場している。

こうして二人はともに社会人野球という場に身を置いて躍進していた。

１９６６（昭和41）年のドラフト会議では平松は大洋から２位指名を受けるが、これを保留。平松としては巨人への思いが強かったようだ。しかし、巨人は立教大の槌田《つちだ》誠を１位指名していた。

平松は大洋からの指名を保留したまま「都市対抗でチームを優勝に導きたい」と宣言して１９６７（昭和42）年のシーズンを迎えた。その年の都市対抗野球で日本石油は優勝を果たす。有言実行を果たした平松は吹っ切れたのか、その２日後にはまだ交渉権が残っていた大洋に入団の意思を告げる。こうして大洋の平松となるのだが、これがのちの「巨人キラー平松」誕生の背景だった。

一方の松岡は社会人２年目の１９６７（昭和42）年にサンケイアトムズ（現・東京ヤクル

トスワローズ）から5位指名を受けていたのだが、サンケイ側は4位までの選手が獲得できたことで5位指名を見送られるかたちとなった。指名しておいて見送りなどということは、いまでは考えられないことであるが、当時のドラフトは制度が未成熟で、こういうこともあったようだ。

それで、「ならば力を認めさせてやる」と一念発起した松岡は、その年の都市対抗予選で活躍して三菱重工水島を初出場に導く。自身は3年連続の本大会だが、自分のチームのユニフォームでは初めての後楽園の舞台となった。そこで日本鋼管の高橋直樹（東映）と白熱の投手戦を演じ、0対1で敗れはするものの、サンケイ側はその力を認め、都市対抗後の8月にサンケイ入りということになった。

こうして平松と松岡はともに社会人野球を経験してきた選手として入団した。また、その最大の舞台である都市対抗野球での活躍を認められ、その直後にシーズン途中でのプロ入りを果たしているところで共通項がある。

しかも同じセ・リーグの、当時はあまり優勝争いにからんでこないチームのエースとして活躍していくことになる。チームは下位が定番だった大洋の平松は途中入団の1年目は3勝を挙げたが、2年目は5勝12敗と負け数がはるかに勝ち数より多かった。

平松はその後、〝カミソリシュート〟と呼ばれる武器を手に入れるのだが、当時はほとんどストレートとカーブのみの投球だった。

そのシュートボールをマスターした3年目に14勝をマークし、防御率2点台を記録してエースといわれる存在となる。

松岡は三原脩《おさむ》監督のもと、1971（昭和46）年に14勝を記録している。もっとも、チームがなかなか勝てないため15敗している。それだけ多くの試合を任されていたといえるのだ。球団はサンケイからヤクルトにオーナー会社が変わったところだった。

当時は20勝投手がチームのエースといわれていた時代、1973（昭和48）年に21勝を達成し、松岡は大エースのひとりとして評価されるようになった。もっとも、ほとんどBクラスのヤクルトである。優勝どころか優勝争いになかなか縁がないのが現実だった。

しかし、広岡達朗監督が就任して3年目の1978（昭和53）年、ヤクルトは快進撃していく。松岡は43試合に登板して16勝11敗でチームのリーグ初優勝に貢献し、阪急との日本シリーズで2勝2セーブとフル回転し、球団史上初の日本一に貢献した。その活躍が評価され、初めての沢村賞を受賞している。

その後は日本一投手としての看板を背負いながら、1980（昭和55）年には最優秀防御率のタイトルを獲得。ここがピークだったといっていいのかもしれないが、1983（昭和58）年には11勝をマークして通算190勝となり、200勝投手に手が届きかけた。

しかし、その後は首の故障があり、2年間で1勝しか挙げられず、1985（昭和60）年のシーズンを最後に現役引退を発表した。名球会入りの条件である200勝まであと9勝の通算191勝（190敗）での引退を惜しむ声があったが、本人は「夢にまで見た日本シリーズに出られて満足だった」という思いが強かったようだ。

実働18年は前身のサンケイ時代を含めてヤクルトひと筋。球団史上初の優勝と日本一をもたらした大エースとして、その名は球団史に輝く存在といっていいだろう。

片や平松は1969（昭和44）年から12年連続2桁勝利を記録。1970（昭和45）年には25勝19敗で最多勝を獲得し、6完封で防御率1・95だったが、最優秀防御率は1点台を切った阪神の村山実に譲った。それでも押しも押されもせぬ大エースであることは間違いない。

高校でも社会人でも日本一を経験している平松だったが、ついぞプロ野球では優勝を経験することができなかった。それでも投手の勲章である200勝には到達した。実働18年で通算201勝196敗。日本シリーズで投げられなかったことは、ひとつの悔いだが、意地で200勝を達成しているのはさすがだ。

同時期に岡山県が生んだ大投手の松岡と平松を比較すると、平松が勝ち数で10、負け数で6上回っている。2桁勝ちながら2桁の負けを背負った両投手。巨人が全盛期といわれていた時代に「打倒巨人」を掲げながら、それぞれの立場でチームを背負っていた大エースだったことだけは間違いない。

なお、この二人の1年上で倉敷商で松岡の先輩だったのが星野仙一だった。その星野もまた、中日時代に「打倒巨人」を掲げ、「燃える男」であり続けた。

星野仙一×田淵幸一×山本浩二

1968年にドラフト指名された東京六大学スターのそれぞれの人生

大学野球といえば、明治神宮野球場を舞台とする東京六大学野球が最大の注目だった1960年代。そして、その時代の東京六大学の選手たちが中心になって、やがてプロ野球の舞台で活躍することになるのだ。

東京六大学にはスター選手が多く在籍していた。なかでも法政大には〝法政三羽烏《さんばがらす》〟といわれていた田淵幸一、山本浩司（現・浩二）、富田勝がいた。この強力打線に敢然と立ち向かったのが明治大のエース星野仙一だった。闘志を剝き出しにして投げ込む星野の投球スタイルは大学野球時代からのものだったが、こうしたライバル関係がお互いを育て、プロに進んでもライバル関係は変わらなかった。

ここで1968（昭和43）年のドラフトを見てみよう。ドラフト制度が始まって4年目となったこの年は、これまでのドラフトで最も事前から盛り上がった年だった。当時は最初にクジで指名順を引いていく制度だった。「巨人でなかったら、プロ入りはしない」とまで公言していたのが田淵だった。

しかし、一方で、この制度下で「指名さえしてしまえば、こっちのものだ」と強引に田淵指名を公言する球団もあった。阪神はそんな球団のひとつだった。そうしたなかで、運命の指名順は、1番目が東映、続いて広島、3番目が阪神、4番目が南海（現・福岡ソフトバンク）ホークスとなって、巨人は8番目となった。

1番目の東映は長打力もあるが、守備力もいい大型内野手ということで、亜細亜大の大橋穣《ゆたか》を指名。続く広島は広島県廿日市《はつかいち》から法政大に進んでいた山本浩司を指名。これはいわば相思相愛というものであって、すんなり決まったようだ。

そして3番目の阪神が敢然と田淵を指名した。田淵は当初、拒否して球団の交渉さえ断っていたくらいだった。田淵に固執する巨人は阪神入りさせてトレードを申し入れたりしたが、阪神側はそれを拒否。阪神は時を待つかたちになって粘り強く交渉を続けようという作戦だった。ところが、ここで巨人側が大きなミスを犯す。

というのは他球団が指名した選手に対して交渉権がない球団が接触することは禁止されていたのだが、それを破って巨人のスカウトが田淵側と接触したことが明るみに出た。「巨人のルール違反」としてスポーツ紙などが大きく報じたことで、世論も「ドラフト指名した阪神に入るべきだ」という風潮になっていった。

阪神には追い風となった。無理強いはしないが、気持ちが変わるのを待つことで相手を刺激しない意思を示した誠意が通じたのか、説得に説得を重ねたかたちで田淵側が最終的には折れて阪神入りとなった。これが、この年のドラフト騒動のひとつ。

そして、もうひとつは「田淵君が獲れなかったら、キミでいくから」といわれていた明治大の星野は、8番目の巨人からの指名を待っていた。ところが、巨人のときに呼び上げられたのは「島野修、武相高校、投手」というものだった。星野が「島と星が違う」と叫んだといわれているのは有名なエピソードであるが、星野は「巨人に裏切られた」という思いが強くなった。

結局、10番目の中日が星野を指名するのだが、同じセ・リーグだったこともあって、燃える男の反骨心に火がついた。これが星野がのちに「巨人キラー」となるエネルギーになったといわれている。

ちなみに富田は4番目の南海が指名し、こちらはすんなり交渉が進んだ。さらにいえば、この年のドラフトでは11番目の阪急が富士製鐵釜石（のちの新日鐵釜石）の山田久志、12番目の西鉄（現・埼玉西武）ライオンズが箕島《みのしま》の東尾修を指名している。

大豊作世代といわれたドラフトだったが、その言葉どおりに、この年のドラフト指名選手から、のちの名球会入り選手7人が誕生した。

この年のドラフト騒動が、その後のドラフト制度を微妙に変更させていく最初のきっかけになった。もっとも、その後、さらに世間を騒がせるようなドラフト騒動が勃発することは、このときは誰も思いもしなかった。

閑話休題。それぞれの事情で阪神、中日、広島に入団した東京六大学野球のスター選手たちだったが、入団当時のそれぞれのチーム事情を見てみよう。

阪神はセ・リーグでは巨人を追う一番手の存在ではあったが、1964（昭和39）年の優勝以降は万年2位で、1965（昭和40）年から1973（昭和48）年まで巨人の9連覇を許すことになる。そして中日はその次の存在だった。リーグ優勝からは1954（昭和29）年以降、遠ざかっていた。

広島はといえば、ほぼ万年Bクラスで、球団として別段、優勝を目指さなくてはいけない空気は薄かった。もっとも、同世代で同じ神宮球場でしのぎを削り合ったことがあって、勝負を離れると3人は仲がよかった。

3人のルーキーイヤーとなった1969（昭和44）年、田淵は七番・捕手で初先発出場した4月の試合で6回に放ったプロ初安打が本塁打となった。さらに、この試合では8回に2本目の本塁打を放っている。そして5月には3試合連続本塁打を広島戦で放ち、その力を山本に見せつけている。

結局、田淵の1年目は打率こそ2割2分6厘と低かったものの、22本塁打を放ち、その年の新人王を獲得している。山本は開幕戦から六番センターとして出場し、1年目からレギュラーに定着したが、打率は2割4分だった。ある程度は活躍していたものの、いかんせんチームが弱体で、あまりメディアで報じられることがなかった。

星野は開幕2戦目の広島戦で先発したが、初登板は敗戦投手になっている。しかし、この年は49試合に登板して8勝を挙げ、主力投手のひとりとしての役割を果たしている。

星野はこうしてローテーション投手の一角として、山本はやがて三番もしくは五番と中軸を打つ存在になっていた。当時は本塁打打者というよりは中距離打者だった。1972(昭和47)年5月11日の広島市民球場での中日との試合で星野からサヨナラ打を放って意地を示している。

田淵は2年目は8月までに20本塁打に達し、王貞治と本塁打王争いができる打者に成長していたが、死球に倒れ、戦列を外れることになる。結局、この年は89試合出場で21本塁打。翌年は80試合出場にとどまり、フル出場は果たせなかった。

巨人の連覇が9年目となった1973(昭和48)年、阪神と巨人が最後まで優勝を争ったが、阪神は中日、巨人に連敗して優勝を逃す。中日は最終戦で星野が阪神の前に立ちふさがった。田淵は37本塁打を放っていたが。王を抜くことはできなかった。

そして翌年、中日が巨人の10連覇を阻止することになるのだが、そのときのマウンドには星野がいた。ついに夢にまで見た優勝投手となった。マウンドでの雄叫《おたけ》びは燃える男としての真骨頂だった。

この年からセ・リーグの戦国時代、優勝持ち回り時代といわれるようになったが、翌年は広島が進撃。オールスターでは山本が三番、あいだに王を挟んで五番に田淵というオーダーが組まれ、山本はこの試合で衣笠祥雄《さちお》とともに2打席連続アベック本塁打を記録。ここから一気にブレイクする。

結局、打率3割1分9厘、30本塁打、84打点、24盗塁と自己最高を記録するとともに、チームはリーグ初優勝。この年、田淵は43本塁打を放ち、王の14年連続本塁打王を阻止している。

こうして、それぞれの立場でチームの主軸として成長した。3人のなかでいちばん早く優勝を体験できると思われた阪神の田淵はセ・リーグの優勝を経験することなく1979(昭和54)年に西武に移籍となる。移籍後は一塁手や指名打者として起用されることが多かったが、通算474本塁打を記録している。オールスターには11度出場し、ベストナインに5度選出されている。

星野は現役時代は中日ひと筋で14年間在籍して通算146勝121敗34セーブという記録が残っている。

その後は中日監督として1988（昭和63）年にリーグ優勝。いったんは退任したが、1996（平成8）年に再就任。1999（平成11）年にリーグ優勝に導いているが、2001（平成13）年に勇退。翌年に阪神監督となり、2003（平成15）年に優勝。さらに2011（平成23）年から4年間は東北楽天ゴールデンイーグルスで監督を務め、2013（平成25）年にはリーグ優勝と日本一に輝いている。

そして山本は18年間現役を続け、通算536本塁打、本塁打王は4度で、いずれも田淵より多い。首位打者は1度で打点王を3度獲得し、MVPを2度獲得。1989（平成元）年から広島監督となり、1993（平成5）年に一度退任するが、2001（平成13）年に復帰し、2005（平成17）年まで務める。監督としては優勝1度。指揮官としても広島ひと筋だった。

川上憲伸×高橋由伸

「明治vs.慶應」時代からの好敵手だった平成の大スター

東京六大学でのライバル関係がそのままプロの世界に継続され、因縁の対決となった間柄としては、中日の川上憲伸《けんしん》と巨人の高橋由伸もそうだ。

川上は徳島商から明治大に進学。このルートは戦前から伝統的につくられていた道である。それくらいに両校のつながりは強い。

期待の投手として早くからリーグ戦に登板し、2年生ではエースとなった。1995

（平成7）年秋にはリーグ優勝に貢献している。さらに翌年秋には明治大は10戦全勝優勝を果たし、リーグ優勝の大黒柱となっていた。大学4年間ではリーグ通算28勝をマークし、当然のことながらドラフト候補となっていた。

高橋は桐蔭《とういん》学園から慶應義塾大に進学している。桐蔭学園時代には1年生の段階からレギュラーとして活躍し、2年連続で夏の甲子園出場を果たしている。そして桐蔭学園は当時、慶大に強いルートを持っており、桐蔭学園側としては最も有力な選手を慶大に送り込むことが多かった。そのルートどおりに高橋は慶大に進学した。

そして大学野球で高橋は1年生時代からレギュラーとして起用されて活躍していた。1年生で3本塁打を放ち、3年の春のシーズンでは5割1分2厘の高打率を残し、本塁打を5本放っている。もうその時期から「翌年のドラフトの最大の目玉」として注目された。大学4年では主将を務め、4年間で田淵幸一が持つ六大学通算本塁打記録を超える23本塁打を放つ。まさに注目のスラッガーだった。

当時のドラフトは大学・社会人選手には逆指名制度があった。つまり、対象選手が自分が希望する球団を選べるものだった。川上は大学の大先輩である星野仙一が監督を務めている中日を逆指名した。当初から星野監督はスカウト陣に「明大のエースを獲れ」と指示していたこともあって、スカウトの明大参りが続いたが、川上は迷うことのない逆指名だった。

高橋は六大学ナンバーワンスラッガーでスター性が高いということで多くの球団が獲得を希望していた。当初は8球団ほどが高橋獲得を宣言していたが、高橋は最終的には在京3球団に絞り込んだ。慣れ親しんだ神宮球場を本拠地としているヤクルトを希望していたが、最終的には親の意向などがあって、ドラフト直前の11月になって巨人を逆指名ということになった。

こうして六大学の投打のスターは同じセ・リーグのライバル球団といっていい中日と巨人に分かれて入団した。

入団早々から二人とも期待どおりにチームの主力となる。高橋は開幕戦からスタメンに名を連ねた。川上は当初からローテーション投手として星野監督に起用され、その期待に十分に応えた。

二人の1年目のシーズンの1998（平成10）年の成績は、高橋は新人としては通算で7人目となった3割を記録し、本塁打19本、打点75と十分すぎる活躍だった。これに対して川上は新人投手としては文句のない成績で、26試合に登板して14勝6敗、防御率は2・

57というものだった。奪三振は124だった。

果たしてシーズン後に投票で選出される新人王にはどちらに輝くのかがファンの大きな注目となったが、蓋を開けてみたら、川上111票に対し、高橋は65票と思った以上に大差がついた。結果として新人王は川上ということになった。直接対決では22打数1安打と川上が圧倒していたことが大きな決め手になった。

もっとも、その1安打が本塁打というところに高橋の意地が表れていた。選には漏れたが、高橋は数字的にすばらしいということで、特別表彰選手として称えられた。

ちなみに、この年のセ・リーグの新人選手は活躍が目覚ましく、打者では阪神の坪井智《とも》哉《ちか》が安打製造機ぶりを示し、打率では高橋以上の3割2分7厘を記録。また、投手では広島の小林幹英《かんえい》が9勝6敗18セーブを記録していた。

それだけルーキーの質が高い年だったのだ。

川上は翌1999（平成11）年には開幕投手を務め、チームのエースとなった。高橋は中軸を任される打者になった。

たまたまドラフトで逆指名制度が導入された時代に現れた東京六大学の慶應義塾と明治のスラッガーとエースが、それぞれの希望球団に進んだ。巨人と中日の親会社はともに新聞社ということがあって、より意識し合うライバル関係である。しかも、その当時はセ・リーグでも覇権を争う関係であり、巨人は長嶋茂雄、中日は星野仙一と、ともにチームを代表する看板スターが監督を務めていたことが、お互いの刺激になった。

高橋は現役時代にそこそこのハイアベレージを残しており、ベストナイン選出は2度あったものの、打撃タイトルを獲得することはなかった。腰痛に悩まされるようになって、2009（平成21）年にはほぼシーズンをリタイアしていた時期があった。

そして高橋も川上も2015（平成27）年のシーズンを最後にともに現役を引退している。高橋は現役を引退すると翌年からすぐに監督を務めた。その3年間は2位、4位、3位と3年間優勝を果たすことができずにユニフォームを脱いだ。

川上は2009（平成21）年から2年間はメジャーに挑戦し、アトランタ・ブレーブスでプレーして8勝22敗という数字が残っている。その後、再び中日に戻ってきたが、中日では通算275試合に登板して117勝76敗。2004（平成16）年と2006（平成18）年には17勝で最多勝のタイトルを、2004（平成16）年には沢村賞を獲得している。

引退後はテレビやラジオで解説を務めている。監督のオファーはまだないが、ファンのなかからは待望論が上がってきているようだ。

坂本勇人×堂上直倫

大逆転した「3球団競合」と「外れ1位」の野球人生

同年代の選手で同ポジションというのは、本人が望む望まないにかかわらず、周囲は因縁の関係として見てしまう傾向がある。

ことにドラフト制度があることで、その指名順位などがあって、そんなライバル関係をメディアが誇張する傾向が強い。

2006（平成18）年のドラフトで同期となった愛工大名電の堂上直倫《どのうえなおみち》と光星学院（現・

八戸《はちのへ》学院光星）の坂本勇人《はやと》（内野手）も、まさにそんな関係といっていい。どちらも当時から打力があってスケールが大きな遊撃手ということでドラフト1位指名候補といわれた。

もっとも、当時の評価としては、その年のドラフト候補の高校生は投手の怪物として夏の3連覇を狙う駒大苫小牧《とまこまい》のエース田中将大がいて、それに対する野手の怪物として前年の春の選抜優勝時から大型遊撃手として注目されていた堂上の名前が挙がっていた。だから、どちらかというと坂本は同じ遊撃手だが、堂上に次ぐ存在だった。

また、高校2年の夏は愛知大会で一部ナゴヤドーム（現バンテリンドーム ナゴヤ）を使用していたことがあったが、堂上は豊田大谷との試合で本塁打を放っている。その姿に「何年後かの中日でのイメージがダブる」などと喜ぶ中日ファンが多かったようだ。

事実、この年のドラフトでは高校生野手では堂上が圧倒的な人気で、巨人と阪神、中日の老舗3球団が1位指名で競合した。巨人としては親会社の拡販戦略と相まって、名古屋の人気選手の獲得はドラフト戦略のひとつになっていた。そんな思惑があって、堂上の1位指名となった。

堂上としては愛知県出身で、元プロ野球選手の父親（照《てらし》）が中日に在籍し、その後は若手の合宿所である昇竜館の館長を務めていた。それに高校の先輩でもある兄の剛裕《たけひろ》が在籍していることで中日を強く希望していた。

結局、抽選の結果、中日が当たりクジを引いた。中日にとっても堂上自身にとっても願ったりかなったりの結果だった。

中日にとっては宇野勝以来とも立浪和義（現・監督）以来ともいえる超高校級の遊撃手獲得ということで、地元での期待が大いに高まった。兄を含めて親子3人で同一球団に所属ということが話題となった。

クジに外れた巨人は打てる内野手が欲しいところがあって、「堂上を外したら、いこうと決めていた」という坂本を指名した。この時点で坂本は「堂上を外した巨人の外れ1位」といわれた。

堂上の新人の2007（平成19）年は二軍スタートでじっくり鍛えるということで一軍は未出場だった。それでもオフに福留孝介がメジャーに行ったことで、背番号が24から福留がつけていた1に変更されたのは期待の表れだった。

しかし、2008（平成20）年は一軍出場がわずか3試合のみ、2009（平成21）年も一軍での活躍の場がないままだった。

やっと一軍の舞台に定着したのは2010（平成22）年の交流戦の終盤だった。そして

6月18日の巨人戦でプロ初安打を放つ。当時、レギュラーだった井端弘和がケガで離脱したことで定着した。プロ入り初本塁打は6月27日に記録。結局、この年は82試合に出場して68安打、本塁打は5本放っている。

そのころ坂本はすっかり「巨人の期待の若手」としてレギュラーに定着し、2008（平成20）年は全試合出場。打率は2割5分7厘を記録。翌年は打率3割に届いて18本塁打を放ち、チームの顔になった。

多くの人は坂本が堂上の外れ1位だったことを忘れかけていた。そのことより、小学生時代に捕手だった田中将大とバッテリーを組んでいたことのほうが話題となって、この世代の野手の代表格となった。

堂上は2011（平成23）年には出場試合数は62試合に減る。それでも翌2012（平成24）年は一軍でシーズン開幕を迎え、自己最多の116試合に出場する。ただ、存在としてはいつしか守備の人というイメージになっていた。

そして2014（平成26）年オフには兄の剛裕が巨人に移籍することになったが、それにともなって背番号は希望して兄がつけていた63となった。

キャリアハイとなったのは入団10年目の2016（平成28）年、131試合に出場して初めて規定打席に到達した。打率は2割5分4厘だった。

それでもようやく一軍に定着するかと思われたが、翌年は即戦力遊撃手といわれた京田陽太（現・DeNA）が日本大から入団してきた。京田と併用されるかたちになったが、9月にはケガで離脱。翌年からは京田の起用が多くなり、堂上はすっかり守備要員的な存在になっていった。

そのころ坂本は2010（平成22）年から5年連続で全試合出場を果たし、2012（平成24）年にはリーグ最多の173安打を放ち、打率は3割1分1厘を記録。巨人のリーダー的な存在として活躍していた。

その後、坂本は巨人にとっては欠かせない戦力となって、2016（平成28）年には打率3割4分4厘という数字を残して待望の首位打者を獲得している。本塁打を狙うスタイルではなく、むしろ野手のあいだを鋭く抜いていくスタイルとなった。シュアな打撃を磨いたということだろう。相手投手にとってイヤな存在、ピンチで迎えたくない打者となっていた。

さらには2019（平成31）年に第3次となった原辰徳政権に貢献して143試合に起用され、2012（平成24）年と同様の173安打を放ち、打率は3割1分2厘、本塁打は40本を放っていた。タイトルこそ奪えなかったものの、シーズン通しての活躍が認められてMVPを獲得している。

坂本にとっては、この年に広島から丸佳浩が移籍してきたことによって打順が二番に固定されたことが大きかった。二番打者だが、つなぎというよりチャンスを広げる打撃に専念することで、思い切ってスイングできるようになったことで本塁打が増えていった。

そして2021（令和3）年の東京オリンピックで日本代表の中軸として4試合で打点を挙げて金メダル獲得に貢献している。

堂上はといえば、一軍と二軍を行き来することが多かったが、6月の西武との交流戦では1試合4安打するなど固め打ちを披露。守備の人ではあるが、打撃では意外性がある存在という立ち位置になっていた。

京田が立浪和義監督と反りが合わないということで起用される機会が増えるかと思われたが、土田龍空《りゅうく》（現在の登録名は龍空）や溝脇隼人《はやと》といった若手が起用される機会が多く、扱いは内野のユーティリティープレーヤーで守備固めの立場になっている。それでも細く長く中日ひと筋でプロ生活を継続している。

坂本は2023（令和5）年4月23日に長嶋茂雄に並ぶ通算二塁打418を記録してい

る。これこそが坂本の真骨頂といっていいだろう。

堂上の外れ1位としての坂本が巨人としては正解だったのかどうか。結果の数字だけでいえば、よかったということになるのだろうか。

田中将大×斎藤佑樹

なぜ、高校野球史上に残る二人はここまで差がついたのか

高校野球の歴史のなかで、大会3連覇は戦前の昭和初期、1931（昭和6）～1933（昭和8）年の中等学校野球時代の中京商（現・中京大中京）しかない。それが70年以上の歳月を経た2006（平成18）年に実現しそうになった。2年連続優勝を果たしていた駒大苫小牧が決勝まで勝ち上がったからである。そのエースとして君臨したのが田中将大だった。

田中が入学した年に駒大苫小牧は夏の甲子園初勝利を挙げるとそのまま勝ち進み、北海道勢として初めての甲子園優勝を果たす。田中自身は当初は捕手と投手を兼ねていたが、3年時には押しも押されもせぬエースになっていた。

そして、この年の夏の選手権は大会を通じてニューヒーローが躍り出た。それが早稲田実業の斎藤佑樹だった。斎藤が甲子園で人気を得ていくようになったのは、優勝候補の一角とされていた大阪桐蔭に対して強気に内角を攻めていく投球で中田翔（日本ハム、現巨人）らを抑え込んでいったからだった。

そんな強気の投球スタイルのわりに都会的なイケメンというビジュアルと、尻ポケットから青いハンドタオルを取り出して顔の汗をぬぐう仕草が受けた。

早稲田実業が勝ち上がっていくとともに斎藤の人気はうなぎのぼりとなった。やがて「ハンカチ王子」と呼ばれるようになって連日のようにメディアに取り上げられた。しかも「斎藤佑樹君みたいな息子がいたらいいなぁ」ということで、普段はそれほど高校野球に関心を持たない主婦層から人気を得ていった。

こうして、いつしか〝ハンカチ王子フィーバー〟となり、女性ファンから「佑ちゃん」と呼ばれて親しまれた。

これに対して田中将大はヒール役のような立場になったが、まるでそんなストーリーを演出されたかのように早稲田実業と駒大苫小牧は勝ち上がり、決勝で対戦することとなった。大会前からの投の怪物と大会を通じて注目度が増してきた人気者のアイドル選手という対決構図は、いやがうえにも盛り上がった。

そして試合内容はその期待にたがわぬ熱闘となって、お互いに8回の表裏に1点ずつを取り合ったまま延長にもつれ込む。15回まで戦って決着がつかず、決勝戦としては37年ぶり、1969（昭和44）年の松山商と三沢以来、史上2度目の再試合となった。斎藤は178球をひとりで投げ切って「佑ちゃん、頑張れ」という多くの女性ファンの気持ちに応えた。

こうなったら、もう注目度はピークに達する。斎藤の人気と注目度はさらにヒートアップし、それとともに田中は、あえてヒール役を受けていくようなスタイルになり、それをメディアが煽るようなかたちになった。

こうして、かつてないほどの注目を浴びた決勝再試合だったが、まるでそんな筋書きがあったのかというようなかたちで早稲田実業が序盤にリードし、追い上げる駒大苫小牧を振り切って優勝を果たした。しかも駒大苫小牧の最後の打者が田中で、それを斎藤が三振で切って取るかたちで終了。斎藤は優勝投手となったが、バンザイをして喜びこそ表したものの、表情はクールだった。そんなところが人気の要素となった。

この両校の人気と注目度はその後の国体にまで引っ張られた。それを最後に二人は高校野球を卒業するのだが、進路は異なった。田中はプロ志望を表明したが、斎藤は早稲田大への進学を公言した。

斎藤は東京六大学の舞台で1年春のリーグ戦からいきなり4勝を挙げるなどして活躍する。チームはリーグ優勝し、その立て役者として持てはやされた。結局、大学4年間で通算31勝を記録する。大学最後の4年秋のリーグ戦で優勝投手となり、まさに大学4年間はこれ以上ないといっていい実績を残した。そして、その年のドラフトでは日本ハムから1位指名を受け、入団記者会見を札幌ドームで行うなど球団は派手な演出で歓迎した。

一方で田中は高校3年時のドラフトで楽天から1位指名を受けて入団する。メディアは斎藤の「佑ちゃん」という呼称に対するかのように田中を「マー君」と称したが、当初は正直、「その呼称はもうひとつ定着していかないだろうなぁ」という印象があった。ところが、時の野村克也監督が打たれても敗戦投手にならずにチームが逆転して勝ったりすると、「マー君、神の子、不思議な子」などといって持ち上げた。

こうして名将に上手《じょうず》におだてられながら育てられて、田中は楽天のエースとして成長していった。

斎藤の日本ハム入りで、田中と同じパ・リーグということがあって、再び二人の対決構図はクローズアップされるようになった。斎藤に対しての周囲の評価は「1年目から10勝はいけるのではないか」という即戦力としてのものがほとんどだった。

それだけに二人の動向にマスコミは注目していた。

斎藤は栗山英樹監督のもとで丁重に使われていた。2年目には開幕投手を任され、期待の高さが感じられた。しかし、もうひとつ目覚ましい活躍をするにはいたらなかった。大学時代に痛めたという肩の故障が結果を残し切れない要因であったのかもしれない。それに早稲田大時代、チームメイトにスピードを武器としていた投手がいたことで、負けん気の強い斎藤は「スピードで負けたくない」という思いがあったのだろうか。

結果的には田中はシーズン負けなしの24連勝を記録するなど、星野仙一監督の楽天を日本一に導いて、そのままメジャーへの進出を宣言した。

田中のメジャーでの活躍が報じられる一方で、斎藤はケガからの克服などで苦しみ続けた。登板機会をもらえても、なかなか結果がついてこないことが現実になっていた。いつしか「斎藤はいつまで日本ハムにいさせてもらっているんだ」などという心ないファンの声がネットなどで上がるようになっていた。

そして2021(令和3)年に現役引退。その後はみずからをプロデュースする「株式会社斎藤佑樹」を設立し、スポーツ界に貢献していこうという姿勢を示している。CM出演もあり、テレビ番組のキャスターとしてスポーツイベントでのリポートなどを行っているが、将来的には早稲田実業の監督に就任するのではないかと推測される。そうなれば、また違ったかたちで高校野球が盛り上がるだろう。

田中は日本に戻ってきて楽天と再び契約。往年に比べていくらか陰りは見えるものの、まだまだ力がある投手という印象を与えている。それに、なんといっても、24勝無敗という記録を残してのメジャー行きは、あまりに強烈な印象だった。「マー君」などとはあまり呼ばれなくなったが、田中将大という名前は強烈に日本プロ野球史に輝いていくことになる。

村上宗隆×清宮幸太郎

「7球団競合」と「外れ1位」の大逆転再び

2015（平成27）年春、早稲田実業に怪童が入学してきたことで、入学早々の春季東京都大会に多くの報道陣が訪れて注目を浴びた。その怪童が清宮幸太郎だった。そして、その受け答えは堂々たるものだった。

「自分は今後、こうした環境で野球を続けることになると思うので、特別緊張することはありませんでした」

正直な印象としては、高校に入学したての1年生にしては、ちょっと生意気かなと感じさせられるくらいの態度だった。

そのころ九州は熊本県の九州学院に「学校始まって以来の逸材といっていい選手」という触れ込みで入学してきた新入生がいた。それが村上宗隆だった。

やがて夏を迎えるにあたって、「東の清宮、西の村上。恐るべき1年生」として頻繁に取り上げられるようになった。この年、早稲田実業と九州学院はどちらも甲子園出場を果たしており、メディアはさらに大きく取り上げた。

その後、早稲田実業は清宮が3年生となる春にもう一度出場を果たしているが、九州学院は村上の在学中の甲子園出場はその年だけだった。

そして高校3年の夏になったら、どちらもドラフト候補としてクローズアップされることになるのだが、この時点では明らかにメディアの扱いは清宮のほうが大きかった。清宮に関しては直接メジャーを志望し、そちらに進むのではないかという憶測があったくらいだった。

しかし、ドラフトが近づいてきて、清宮は普通にプロ志望届を提出して指名を待った。村上は当初の目標どおりにプロ入りを志望した。さらに、この年の高校生スラッガーとしては履正社の安田尚憲（ひさのり）（ロッテ）が高い評価を受けていた。メディアでは「強打の高校左打者ビッグ3」として紹介されていた。

ドラフト当日はそのビッグ3にスポットが当たっていたのだが、そのなかでいちばんスポットが当たっていたのは清宮だった。清宮を何球団が入札するのか、どこが交渉権を獲得するのかが最大の注目となったドラフトだった。「プロ入り即、10本くらいは本塁打を打つのではないか」という声が聞かれるくらいだった。

結果的に清宮には、ロッテ、ヤクルト、日本ハム、巨人、楽天、阪神、福岡ソフトバンクホークスの7球団が1位入札をした。これは高校生としては史上初のことだった。それだけ清宮に対する評価が高く、どの球団も欲しがったということだった。

高校生で最初の入札で抽選となったのは結局、清宮だけだった。そして抽選の結果、日本ハムが交渉権を獲得した。

清宮を外した6球団が村上と安田に3球団ずつ分かれた。ヤクルト、巨人、楽天が村上を指名。ロッテ、阪神、ソフトバンクが安田を指名。抽選結果は村上がヤクルト、安田がロッテということになった。

つまり、村上と安田は清宮の「外れ1位」ということだったのだが、ドラフト前から

「将来はメジャーリーガーになりたいと思っている」ということを公言していた清宮。そのスケールの大きな夢に対しては、「やっぱりモノが違うぞ」と思わせるものだったのかもしれない。

しかし、開幕一軍はならず、初めての一軍昇格は5月2日の楽天戦だった。そして5月9日のオリックス戦で初アーチを放つ。結局、1年目は53試合に出場して32安打。本塁打は7本。鳴り物入りだった分だけ物足りない印象を受けるものの、高校から入った1年目の打者としては合格点といっていい数字だ。

これに対して村上は二軍でじっくり育てられ、イースタン・リーグである程度の実績を残したことが評価され、シーズンが終盤に差しかかった9月16日に来季を見据える意味合いで起用された。広島戦で初打席初本塁打を記録している。

なお、村上は2月2日生まれのため、2000（平成12）年以降に生まれたプロ野球選手としては初めての本塁打ということだった。このあたりは「持っている」といっていいのかもしれない。しかし、1年目の記録としての安打はこの一本のみだった。

ところが、2年目に村上が大ブレイクし、一気に清宮を数字的に上回るようになる。清宮が81試合に出場して本塁打は前年と同じ7本で打率2割0分4厘だったのに対し、村上は143試合出場して118安打96打点、本塁打36本と十分にスラッガーらしい数字を残した。三振が184と多かったが、それは思い切ってスイングしている証しであり、若手選手でもあり、それがよしとされていた。

これで村上はすっかりヤクルトの中軸打者となったが、清宮はコロナ禍で開幕が遅れたシーズンに7本塁打。打率は2割を切った。村上は120試合フル出場して28本塁打。打率は初めて3割を超えて一流打者の証しとなった。

翌2021（令和3）年、清宮はケガで出遅れたことがあって、ついに一度も一軍に上がることなくシーズンを終えている。その年、村上は143試合で615打数139安打、本塁打39本、打率は2割7分8厘だった。もうこの段階で清宮と比較されることはなくなった。

清宮に転機が訪れたのは2022（令和4）年のシーズン前に新庄剛志監督（この年の登録名はBIGBOSS）が就任したことだ。新庄監督は清宮を見ると「デブじゃね？」とダイエットを指示。清宮はそれに従ってダイエットしてキャンプインし、たしかに体のキレがよくなった。チームは最下位に沈んだが、自身はキャリアハイとなる129試合出場で、それなりの存在感を示した。

期待された2023（令和5）年のシーズンは先発出場が多くなったが、シーズンの佳境で左脇腹を痛める故障で戦線離脱。なんとなく上がっていけそうなところでリタイアというサイクルは当初の期待感からすれば低迷感は否めない。

村上はといえば、2023（令和5）年のシーズン前の最大のイベントとなったWBC（ワールド・ベースボール・クラシック）で栗山英樹監督から日本代表侍ジャパンの四番打者に指名され、そのプレッシャーに苦悩していたときもあったようだ。それでも起用され続けるうちに吹っ切れ、大事な場面で二塁打を放ったことで、「やはり、村上は日本を代表するスラッガーだ」ということを印象づけた。

そしてシーズンに入って、3連覇を目指すヤクルトの中軸として、なくてはならない存在となっている。

大谷翔平×藤浪晋太郎

強烈なライバル心がもたらしたものと失わせたもの

高校時代に甲子園でしのぎを削っていたライバル同士がプロの世界でもまたライバルとして競い合う構図。これは、これまでよくあったライバル同士の因縁の対決といえよう。

しかし、そのステージがさらに海を渡ってメジャーという舞台で競い合うというのは、野球少年にとっても高校球児にとっても究極の夢の実現といっていいのではないだろうか。

それを具現化したのが2012（平成24）年の春の甲子園で対戦した大阪桐蔭の藤浪晋

太郎（阪神、現ボルチモア・オリオールズ）と花巻東の大谷翔平（日本ハム、現ロサンゼルス・エンゼルス）である。この年の大阪桐蔭は甲子園で圧倒的な強さを示していた。

初戦で対戦した大阪桐蔭と花巻東だったが、試合は大阪桐蔭が9対2と快勝し、投手としては藤浪の勝利ということになる。しかし、大谷はこの試合の初打席で藤浪からバックスクリーン横に特大本塁打を放ち一矢を報いている。

この甲子園での一発こそ、その後の大谷の野球選手としてのあり方、将来的な立ち位置を決定づけることになったといって間違いないだろう。

大阪桐蔭はこの年はエース藤浪を擁して春夏連覇を果たすことになる。2010（平成22）年前後からは高校野球で大阪桐蔭の黄金時代となるのだが、この年の大阪桐蔭の強さは特筆ものだった。藤浪はそのエースである。当然、ドラフトの目玉となった。

一方、大谷はその藤浪から放った一発が評価されたが、投手としても高い能力を認められていた。もちろん、プロ球界としては喉から手が出るほど欲しい逸材だったが、大谷は高校生ながら「メジャーを目指したい」と意思表示をした。そして日本のプロ野球界には指名されたとしても行かない意思を伝えた。その姿勢に対して賛否両論あったが、メディアとしては大きな焦点となった。

ほとんどのプロ球団が大事な1位指名権をムダにすることを避けたくて大谷指名を見送った。そんななかで日本ハムだけが敢然と大谷指名に踏み切った。「説得する自信があったし、それだけの材料をそろえた」という自信の指名だった。

結果としてはリポート用紙何枚にもおよぶ資料を提出し、いますぐにメジャーに行かず、日本のプロ野球で実績を上げたほうがいいこと、日本ハム球団としては責任を持って送り出すことなどの条件を提示した。そのなかに「投手と打者の二刀流で育成する」ということがあり、この条件が最も強く大谷の背中を押した。

一方、高校時代の春夏全国制覇投手という看板を背負ってドラフト指名を待った藤浪は4球団からの重複指名を受けた末、抽選で阪神に決まった。在阪球団としてはオリックスも指名していたが、関西の人気球団の阪神は大阪育ちの藤浪としては希望どおりの球団だったというところだろうか。

こうして二人のプロ野球人生はスタートした。

大谷は栗山英樹監督のもと、多くの評論家などの「どちらかに絞らないとプロの世界では無理だろう。どっちつかずになってしまうのではないか」という懸念をよそに、場合によっては「一番・投手、大谷」というような起用のされ方でも、しっかりそれに応えて結果を出した。そうして、いつしか「二刀流は無理だろう」というような雑音を吹っ飛ばしていった。

2014（平成26）年には11勝、10本塁打と初の2桁勝利、2桁本塁打を記録。2016（平成28）年のシーズンには投手部門と指名打者部門でのベストナインのダブル選出となった。

「投げて打っての大谷翔平こそ本来あるべき野球選手の姿なのだ」

「大谷が活躍することで多くの野球をやっている子どもたちに夢と希望を与えてくれる」

「大谷翔平が二刀流で活躍してくれて野球界は救われた」

などと絶賛の嵐となった。これはもう大谷の二刀流を評価しなくては日本人ではないという風潮になっていく。

大谷は2017（平成29）年に入団当初からの球団との約束どおりにメジャーへの進出を宣言し、ポスティングシステムでエンゼルスに入団することになった。そして、そのことをすべての日本人が称賛し、応援した。

これに対して藤浪は調子の波が激しく、ことに制球に不安があった。それだけに首脳陣としては1試合を任せづらい、使いにくい投手という評価になった。それでも試合によっては力を発揮するため、やはりどこかで使ってみたい存在だった。

2020（令和2）年に新型コロナウイルスの感染が日本中に広がり、3月にはオープン戦が中止となり、開幕が6月までずれ込む事態になった。そんな折に、藤浪はプロ野球選手で最初の感染者と報じられた。「こんな事態になっても遊び歩いているからだ」など と無責任な世論もあって、藤浪自身のイメージはいささかダーティーなものになってしまった。

それでも2023（令和5）年からはオークランド・アスレチックスに入団し、念願のメジャーのマウンドに立つことができた。そして現地で大谷との対決が実現したのだが、藤浪は制球に苦しみ、あまりにもコントロールにばらつきがありすぎて結果を出すことができないままだった。

その後、首脳陣の信頼を失い、当初の予定の先発要員から格下げといえる中継ぎ要員に配置転換となった。

そこで中継ぎながらチームトップの勝ち星を挙げた藤浪は、2023（令和5）年7月20日、オリオールズへの電撃トレードが発表された。アメリカン・リーグ東地区で優勝争いを繰り広げるチームのなかで、かつての輝きを取り戻すことができるのかが注目されている。

大谷は投げても打っても連日のようにメディアで報じられ、しかもしっかり結果を出している。好投しても勝ち星がつかないことがあるが、それでも腐ることなく記者会見などで爽やかなコメントを残している。

いまや大谷は日本を代表する圧倒的ヒーローといっていい。いや、それを超えて日本を代表する最高の日本人は誰かといわれたら、多くの人が大谷翔平の名前を挙げるのではないか。もっというと、地球上の約80億人の全人類のなかで最高の人間。そんな評価を与えていい人物である。

大谷の前に大谷なし。大谷の後に大谷なし。

やがて、そんなことを言い伝えられる存在になっていくだろう。だから、まさにここで藤浪との因縁対決を紹介することさえ「これでいいのか？」という小さな疑問があるくらいだった。

第4章

タイトル争いを演じた「因縁の対決」

プロ野球選手としての勲章といっていいのがタイトルホルダーである。
打者であれば、首位打者、本塁打王、打点王。それに盗塁王も大きなタイトルだ。
投手であれば、最多勝利と最優秀防御率が二大タイトルだ。
さらには奪三振王などもある。そしてシーズンを通してのＭＶＰがある。
それらのタイトル獲得の裏には、ライバルによる
悲喜こもごものドラマが生まれている。

張本勲×谷沢健一

「毛」の差にまで迫った〝史上最高〟の首位打者争い

1976（昭和51）年のセ・リーグの首位打者争いは巨人の張本勲と中日の谷沢《やざわ》健一のあいだで争われた。いまも語り継がれる球史に残る熾烈な首位打者争いといっていいだろう。打率は通常は「割・分・厘」で示されるが、二人は3割5分4厘で並ぶことになった。とはいうものの、現実には張本は513打数182安打、谷沢は496打数176安打で、まったく同じ数字ではない。「打率＝安打数÷打数」の公式に当てはめてみると張本は3割5分4厘7毛《もう》。これに対して谷沢は3割5分4厘8毛とわずかに1毛だけ上回った。こうして谷沢が初めての首位打者タイトルを獲得したのだ。

この史上まれに見る熾烈な首位打者争いの背景は、前年に長嶋茂雄監督率いる巨人が選手・長嶋なきチームを率いて史上初の最下位になったことに起因している。これは一大事と感じた球団首脳は長嶋に並ぶ強打者の獲得に奔走した。そうしたなかで安打製造機と称され、これまでパ・リーグで7度首位打者を獲得していた張本を呼んで王と並べた〝OH砲〟を組んでテコ入れしたのだった。

広角打法の張本はリーグが変わっても安打製造機であることに変わりはなかった。

この年のセ・リーグの首位打者争いはレベルが高く、張本と谷沢だけでなく、ヤクルトの若松勉、広島のアンソニー・ホプキンスに王が加わって、8月になって3割6分台で競い合った。それだけで質の高い首位打者争いといえるが、ここまでは谷沢がやや後塵《こうじん》を拝していた。

9月末の段階では張本が3割5分4厘、若松が3割5分3厘と1厘差の争いを演じていた。これに対して谷沢は3割3分7厘と3位で追いかけていた。ただ、これまでの通常の流れでは張本と若松の争い、張本の史上2人目の両リーグでの首位打者獲得がなるのか、それを若松が阻止するのかという見どころとなっていた。

ところが、10月に入って谷沢が急激に追い上げ、まさに三《み》つ巴《どもえ》の争いとなるのである。数字的には谷沢の逆転首位打者は難しいだろうというのが多くの専門家やマスコミの見方だった。

しかし、谷沢は10月だけで48打数25安打と5割超えのハイアベレージを残す。こうして最終的には谷沢がわずか1毛差で首位打者となったのである。厳密にいうともっとすごく、谷沢は3割5分4厘8毛3糸《し》、張本は3割5分4厘7毛7糸で、毛よりもうひとつ小さな単位の6糸での決着となった。

さすがにここまでくると、どちらがどっちで、何がよかったか、よくなかったのかは超越してしまうだろう。そして、われわれ見る側の立場としては、ひたすらその緻密な争いに耐え抜いた選手の精神力を含めて敬意を表するしかない。

どこかで一本打っていたら、もちろん違っていただろう。また、きわどい打球で好守があったら、それで状況は異なっていっただろう。だけど起きた結果としては、わずかに打席数が少なかった谷沢がシーズンの終盤に打ちまくって最終的に追い上げて逆転したということだった。

1976(昭和51)年セ・リーグ個人打撃成績

順位	選手	打率	試合	打数	得点	安打	二塁打	三塁打	本塁打	打点	盗塁
1	谷沢健一(中日)	.3548	127	496	66	176	36	1	11	52	4
2	張本 勲(巨人)	.3547	130	513	89	182	35	5	22	93	8
3	若松 勉(ヤクルト)	.344	127	485	80	167	20	4	17	70	9
4	ホプキンス(広島)	.329	117	420	62	138	16	1	20	69	1
5	掛布雅之(阪神)	.3251	122	406	69	132	20	7	27	83	5
6	王 貞治(巨人)	.3250	122	400	99	130	11	1	49	123	3
7	水谷実雄(広島)	.308	118	360	55	111	18	2	26	73	3
8	シェーン(広島)	.3069	122	417	50	128	21	0	20	62	3
9	シピン(大洋)	.3066	111	424	61	130	17	2	30	74	2
10	高田 繁(巨人)	.305	118	430	84	131	22	3	13	58	17

出典:NPB(https://npb.jp/bis/yearly/centralleague_1976.html)

こうした結果になったのは、ペナントレースの展開が影響していたのだろうか。この年は優勝争いから外れていた中日だっただけに、シーズン終盤になって相手投手が勝負してきてくれたことも、谷沢にとってはありがたかったことだろう。

一方、巨人の張本はとにかく前年にチーム史上初の最下位となってしまったチームを救わなくてはいけなかった。しかも指揮官は日本のプロ野球をリードしてきて高度成長とともにプロ野球を庶民の最大の娯楽に押し上げたミスター・ジャイアンツこと長嶋茂雄である。

これ以上、長嶋監督に屈辱を味わわせてはいけないという使命を帯びながら、優勝争いを絶対の条件として呼ばれた張本である。世界の王の援護に徹し切ったところがあった。もっとも、そのことが長打を狙わず、張本の本来の広角打法を生かすことになって打率が上がったことにつながった。

また、この翌年には首位打者に輝くことになる若松が最後まで食い下がっていたことを特筆しておかなくてはいけないだろう。

このように、この年のセ・リーグの打撃成績は並みいるスラッガーたちが非常に高いレベルでの争いを演じている。結果は最終的にどうだったのだろうか。参考までに打撃十傑を前のページに掲載しておこう。

王貞治×セ・リーグの強打者

「13年間、ほかの打者は何をやっていたんだ！」

王貞治は現役時代、数々の記録を樹立している。外国人助っ人以外に長いこと破られなかったシーズン55本塁打という記録があったが、これは2022（令和4）年のシーズンにヤクルトの村上宗隆（56本）によって破られた。しかし、13年連続でセ・リーグの本塁打王を獲得した記録がある。これは、おそらくいまのプロ野球の流れを見ても、今後も破られない記録だろう。

考えてみれば、「13年間もひとりの打者に本塁打王を獲られ続けていたとは、ほかの打者は何をやっていたんだ！」などといわれかねない。しかし、現実はみんなが指をくわえて見ていたわけではない。その間には他球団に中日の江藤慎一や1959（昭和34）年に新人ながら本塁打王（31本）になっている大洋の桑田武など本塁打打者と呼ぶにふさわしい選手はたくさんいた。しかし、結局のところ、本格的に王が台頭してきて以降は、どの打者も王以上に本塁打を量産できなかったのである。

そんな王の連続本塁打王を阻止したのが阪神の田淵幸一だった。1975（昭和50）年のシーズンで、広島が球団創立して26年目に初優勝した年である。そして全盛期を誇っていた巨人は前年に現役を引退した球界のスター長嶋茂雄が監督になったものの、史上初の最下位に沈んだ。選手・長嶋がいない巨人は王ひとりに負担がかかっていた。

田淵は前年には45本を放ちながら49本の王にはかなわなかった。しかし、この年は2本少ない43本だったものの、王を超えて本塁打王となったのだ。結局、田淵にとっては最初で最後の本塁打王ということになってしまった。

ライナーでスタンドに運ぶことが多かった王の打球に対し、田淵のそれは高く大きな弧を描いてスタンドに入っていくことで、本塁打を「アーチ」と表現することがあるが、まさに見事なアーチだった。マスコミはそんな田淵を「ホームランアーチスト」と称した。

その後、田淵は西武に移籍し、いしいひさいちのマンガ『がんばれ!! タブチくん!!』などのキャラクターとして、おもしろおかしく扱われた。しかし、全盛期の王に挑み続けて連続本塁打王を阻止したことは高く評価されていい。それでも打点王は王が獲得しているのはさすがだ。

田淵に本塁打王のタイトルを許したことで、「さすがの王もいくらか衰えたかな」などと思わせたが、そんなことはなかった。翌年には世界の本塁打王ベーブ・ルースの通算715本を超え、シーズン49本塁打で再びタイトルを獲得。打点と合わせて二冠王となっている。

さらに翌1977（昭和52）年は50本塁打で124打点と合わせて二冠王と健在ぶりを示した。その年の9月にはハンク・アーロンの755本を破る通算756号という世界記録を樹立している。こうして王は「世界のホームラン王」となった。王の本塁打王は永遠に続くのではないかと思わせたくらいだった。

しかし、その王の本塁打王を1978（昭和53）年に阻止したのが田淵と同学年の法政大でチームメイトだった広島の山本浩二だった。1975（昭和50）年の広島初優勝時には首位打者に輝き、アベレージヒッターという印象だったが、いつしか飛距離が出る本塁打打者に転じていた。この年、44本で初の本塁打王に輝く。

ついに世界の本塁打王も衰えたという印象はぬぐえなかった。その翌年は阪神の若きスターとして売り出していた掛布雅之が48本塁打を放ってタイトルホルダーとなっている。ちなみに打点王は山本が獲得し、王は1962（昭和37）年以降、打撃三冠のいずれかのタイトルは獲ったのだが、この年はついにタイトルを逃して無冠となった。

そして1980（昭和55）年のシーズンを最後に「王貞治のバッティングができなくなったから」という言葉を残して現役引退を発表した。それでも、このシーズンは21年連続100安打と19年連続30本塁打はマークしていた。しかし、王自身が求める「王貞治のバッティング」ができていないことを感じていたのだろう。

シーズンは前半から広島が走ってヤクルトの追い上げを振り切り、6ゲーム半の差をもって2年連続3度目のリーグ優勝を果たした。巨人は61勝60敗9引き分けの貯金1でかろうじて3位となったが、広島とは14ゲーム差だった。1960～1970年代には常勝軍団を誇っていた巨人は3年連続で優勝を逃す結果となった。

こうしたなかで、王の引退はプロ野球のひとつの時代が終わったことを示していたのだった。プロ野球が新時代に差しかかってきたことを表していたのかもしれない。

福本 豊 × パ・リーグの俊足ランナー、捕手

「世界の盗塁王」に敗れ去っていった猛者たち

1970年代から1980年代前半にかけて、パ・リーグでは阪急の黄金時代が続いていた。そんななかで、バットというより、その足でプロ野球ファンを魅了した選手がいた。それが1972（昭和47）年にシーズン106盗塁という当時の世界記録を樹立した福本豊である。

福本は大阪の大鉄高校（現・阪南大高）から社会人野球の松下電器（現パナソニック）を経てドラフト7位で阪急入りしている。大鉄時代には1965（昭和40）年夏に同校の甲

子園初出場のメンバーのひとりだったが、初戦でみずからの失策で敗退。その後は俊足を買われて松下電器に誘われて進むことになった。チームは1966（昭和41）年に都市対抗に出場しているが、福本自身は取り立てて目立つ活躍をしているわけではなかった。

3年目の1968（昭和43）年には富士製鐵広畑（現・日本製鉄広畑）の補強選手として阪急でチームメイトとなる加藤秀司《ひでじ》（のちに英司）とともに出場してチームを優勝に導いている。その際に加藤目当てで訪れていたスカウトの目にとまったことで指名候補選手になった。

とはいえ、いまの時代のようにアマチュア選手の情報が広く伝わっている時代ではない。ドラフトの下位指名選手などは「そのへんの、ちょっとうまそうな、誰か知らん選手」という扱いだった。

実際、指名後はすぐに球団関係者が挨拶に訪れるわけでもなく、「何かの間違いだったのかと思うた」というくらいだったという。しかし、1カ月ほどして球団関係者と入団交渉が行われ、下位指名ということもあって、当初は年俸は低く抑えられていた。それでも松下電器の給料の話などをしてアップしてもらい、入団にこぎつけたという。

球団としては当初は希望していた加藤が獲得できたため、それでよかったというのが本音だったかもしれない。それでも福本の俊足に対しての期待感があって、「もしかして出てきてくれたら、儲けもんや。代走要員でもええやろ」というところはあっただろう。

しかし、試合で使われていくうちに、いつしか福本の足はパ・リーグの各バッテリーの脅威となってきた。それだけではなく、どちらかというと力勝負という印象があって、一発打つか打たないかというところが多く見られた当時のパ・リーグの野球の野球では異彩を放っていた。そして福本の活躍によって機動力を生かして攻めるスタイルで得点を重ねれば、それはそれでたしかな野球になるという考え方を植えつけた。

盗塁の成功か否かに関しては、よく肩を含めて捕手の責任といわれることが多かった。しかし、福本の考え方としては、「盗塁の成否の7割は投手の責任や」というものだった。それは、まさに読んで字のごとく「塁を盗む」ということで、いかに投手の癖を盗むか、わずかな隙をつくかというところにあったという。

だから走者を背負ったときに、この投手にはどんな癖があるのかを徹底的に研究した。そうした姿勢が世界の盗塁王を生んだ背景にあった。

そのころのパ・リーグにはロッテの弘田澄男や日本ハムの島田誠というリードオフマンがいて俊足好打でチームを引っ張っていた。さらには南海の島野育夫がいた。そして福本が1970（昭和45）年から盗塁王を獲得し続けるのだが、その前の年の盗塁王、同じ阪急の阪本敏三や簑田《みのだ》浩二、南海の広瀬叔功《よしのり》らがいたが、13年間、福本に盗塁王を許し続けることになる。それだけ福本の盗塁が飛び抜けていたということになる。

1973（昭和48）年には島野、1978（昭和53）年には簑田が、いずれも61個の盗塁を決めている。ところが全盛期の福本は1973（昭和48）年に95個、1978（昭和53）年に70個を記録して盗塁王のタイトルをキープし続けた。いまの時代は、だいたい30～40個台で盗塁王となっているため、時代が違うとはいえ、その数字は驚異的だった。

こうした盗塁王争いの多くの好敵手のなかで最も福本が警戒していたのは島田だった。島田は社会人野球のあけぼの通商から1976（昭和51）年にドラフト外で入団しているが、翌年から一軍の試合に登場し、168センチと小柄ながらパンチ力がある打撃と俊足が光っていた。

1979（昭和54）年には6月の西武戦で二盗、三盗、本盗と1イニング3盗塁となるパーフェクトスチールを決めている。

島田の野球勘のよさを福本は警戒していたようだが、1979（昭和54）年に島田が55盗塁を決めるも、福本は60盗塁。1981（昭和56）年に島田は42盗塁を決めたが、福本は54盗塁と上回っている。年齢的にやや衰えかかってきたかと思われた福本だったが、まだまだ健在だった。

そして福本が盗塁世界新記録を樹立するのは13年連続で盗塁王を獲得した翌年の1983（昭和58）年だった。

ルー・ブロック（カブス→カージナルス）が保持する世界記録の通算938盗塁まであとひとつに迫っていた福本は6月3日の西武戦で初回、さんざんファウルで粘ったあとに四球で出塁すると、警戒されながらもあっさり二塁盗塁を決める。これで世界タイ記録となり、9回には8球粘って四球で出塁するが、ここは5点差あったということで福本は二塁盗塁を敢行しなかった。

しかし、内野ゴロで二塁に進むと、相手の森繁和投手の牽制球《けんせいきゅう》が鋭かったことに触発され、三塁盗塁を試みて見事成功。ついに通算939盗塁の世界記録を達成した。

この世界の盗塁王を称えようと当時の中曽根康弘総理が国民栄誉賞の授賞を提案したものの、福本はそれを辞退している。

「そんなもんもろたら、立ちションベンできへんようになるやろ」

それが辞退の理由だったと伝えられている。実際にそう語ったのかどうかは定かではないが、福本の人間性を表すエピソードとしては、さもありなんと思われる。

福本が登場するまでプロ野球の盗塁王というと「赤い手袋」で有名になった巨人の柴田勲がいたが、その柴田でさえ盗塁王を獲得したのは6度だった。福本はその倍以上のタイトルホルダーになっているのだ。

この1983（昭和58）年、福本は55盗塁を決めるが、近鉄の大石大二郎が60盗塁と上回り、ついに連続盗塁王は途絶えることになるのだが、その後は1988（昭和63）年まで現役を続けている。実働20年という息の長い選手だったが、その間、阪急ひと筋である。通算盗塁数は1065個まで伸ばしている。

タイトルとしては盗塁王13度のほかベストナイン10度、MVPが1度（1972［昭和47］年）、1976（昭和51）年には日本シリーズMVPに輝いている。通算2401試合に出場し、2543安打。じつは本塁打を208本放っている。オールスターには都合17度選出され、昭和終焉《しゅうえん》の年に現役を引退するのだが、そのユニークな発言を含め、まさに昭和のプロ野球の象徴的な選手のひとりといっていいだろう。

掛布雅之×宇野勝

本塁打王争いで悪名高き〝敬遠合戦〟となった背景

掛布雅之は高校2年時には甲子園出場を果たしたものの、ドラフト候補という存在ではなかった。結局、習志野から当時のテスト入団のようなかたちで事前チェックを受け、1973（昭和48）年に阪神にドラフト6位で入団している。

これに対して宇野勝は大型遊撃手として銚子商時代からドラフト上位候補といわれていた。1976（昭和51）年夏には甲子園出場を果たし、同年のドラフトで中日から3位指名を受けて入団。くしくも当時の千葉県を代表する高校野球の名門校からプロに進んだ内野手同士である。

この二人がやがてセ・リーグで激しく本塁打王を競い合うことになる。ある意味では打者のタイトルの三冠のなかで最も華やかなのが本塁打王である。本塁打王を獲得することでリーグを代表するスラッガーという印象を強く与えることになった。だからシーズン後半になると、ペナントの行方もさることながら、本塁打王を誰が獲るのかもファンにとっては興味のひとつとなった。

ことに世界の本塁打王の王貞治の引退後は田淵幸一や山本浩二などのスラッガーがタイトルに輝いた。そこに阪神の掛布雅之が加わった。いつしか掛布は本塁打打者としての地位を築いていた。

そして、その掛布と1984(昭和59)年に本塁打王を争ったのが同郷の後輩、宇野だった。二人のキャリアが似ているということで多くのファンにとって興味深いものとなっていくはずだった。

ところが、最後の最後になって、そのタイトルをめぐっての争いは好勝負というより、相次ぐ敬遠に「これでいいのか?」と思わせるものになってしまった。

もっとも、こうしたタイトルを懸けた駆け引きもまたプロ野球といってしまえばそうなのかもしれないが、いろいろ考えさせられるものだった。というのも、お互いの投手が相手に打たせまいとして自分が最も自信がある球を投げ込むのではなく、万が一、打たれたら、チームの同僚に申し訳ないため、「勝負しない」という選択で敬遠四球が相次ぐことになってしまった。

こうして最後になってフレッシュなはずの本塁打王争いは、いくらか消極的な策が続いて後味の悪いかたちになってしまった。

これは因縁の対決というより、タイトル争いが生んだ、とてもではないがプロ野球としては名勝負として誇れるものではないものだ。プロ野球史上ではひとつの汚点といっても過言ではない因縁の敬遠合戦になってしまった。

本塁打王は打率で計算される首位打者とは違って、足し算でカウントされるタイトルだ。だから相手に打たせなければ、当然のことながら決して相手の数字は増えない。しかも打率と違って下がることはない。だから味方の選手に本塁打王を獲らせたいと考えたら、相手チームの同数で並んでいる打者とは勝負しないことになってしまう。それが、こうした醜態の四球合戦になってしまった。

最後に阪神と中日の直接対決が2試合残ったという日程が、この四球合戦の引き金となった。

結局、1試合目ではどちらも5打席連続敬遠四球という記録が残った。ことに宇野に対しては二死満塁で敬遠四球となった。これは野球協約に明記されている「勝利を目的とするため」という理念に違反する。

もちろん、ファンからはブーイングが浴びせられた。とはいえ、その背景を探ると、それはそれで当事者としての苦悩が見える。

当時、阪神の安藤統夫《もとお》（現・統男）監督に中日の山内一弘監督から連絡があったという。

「ウチは掛布とは勝負せんからな。掛布はこれから先も（本塁打王の）チャンスがあるだろうが、宇野はこれが最初で最後のチャンスだろうから、獲らせてやりたいんだ。だから（掛布の打席は）全部歩かすよ」

そういう指揮官の思いやりを知ると、正々堂々と勝負してほしいという思いはありつつも人間的な温情が感じられる。それなら、「お互い堂々と勝負して打たれたのなら、それはそれでしょうがない」という考え方も、もちろんあるだろう。というより、それ自体が真のスポーツ選手としての正々堂々とした勝負だといえよう。

とはいうものの、お互いに感情や思いがある人間である。山内監督はシュート打ちの名人といわれた職人だった。現役時代には本塁打王2度、打点王4度、首位打者1度のタイトルを獲得している。それだけにタイトルを獲ることがどれだけ難しいことかを経験しているし、名誉なことであるかを熟知している。だからこそ、身内の選手にその機会が訪れたのであれば、ぜひ獲らせてやりたいという思いになるのは当然だろう。

ましてやシーズン終わり間近の試合で、当時はポストシーズンのクライマックスシリーズなどない時代である。言葉はよくないかもしれないが、まさに消化試合といわれる試合である。中日は首位広島に3差をつけられて2位だったが、阪神は首位に23差で4位となったシーズンである。この消化試合段階では順位は関係ないところだった。

それでも安藤監督は不動の四番だった掛布をこの試合では三番に上げ、初回から打順を回して様子を見ることにした。だが、中日は迷うことなく敬遠四球をしてきたため、結局、それからは敬遠合戦が繰り広げられた。

試合後は怒った阪神ファンが乱入してきてひと騒動になったが、結局、二人が37本塁打で本塁打王となった。掛布は3度目、宇野は初めてのタイトルホルダーとなった。それでも翌年もこの両者で本塁打王が争われるかと思ったら、阪神にランディ・バースが現れ、三冠王を奪うことになる。宇野は1985（昭和60）年は41本塁打を放っていたが、バースの54本におよばなかった。

結局、宇野にとっては、この年の本塁打王が唯一のタイトルとなった。

平井光親×松永浩美

リーグを代表する一番打者に挑んだ「初の規定打席到達」打者

シーズン最高打率、つまり首位打者は、打者としては超一流であると認められた証しであるタイトルのため、なんとしても手にしたいものだ。ただ、打撃三冠のなかで足し算で計算される本塁打王と打点王と異なり、率で計算されるものである。だから必ずしも数が出ていたら、稼げるものではない。

逆にいえば、首位打者だけを意識すれば、ある程度の安打を放つことができていたら、凡打を減らしていくことを含め、打席数を少なくすることが考えられる。ただ、ルールとしてはシーズン規定打席数が定められている。その公式は「規定打席＝試合数×3・1」となっている。

つまり、レギュラーシーズン143試合であれば443打席になる。そしてシーズン中にスポーツ新聞などに打撃成績が発表されるのは、つねにその時点で規定打席数に到達している選手にかぎられる。

じつは首位打者のタイトル争いを考えると、この規定打席数が影響してくる。それが微妙に影響を与えたのが1991（平成3）年のパ・リーグでのオリックス松永浩美とロッテ平井光親《みつちか》の首位打者争いだった。まさに、その規定打席の妙というか、数字のマジックを感じさせられた。

この両選手は同じ福岡県出身という共通項がある。しかし、プロ入りの経緯としては、どちらもアマチュア時代から鳴り物入りの華々しいものではなかった。むしろ地味にプロの道に進んだという似たところがあった。

松永は現在の育成選手のようなかたちで当時の練習生として背番号なしで、小倉《こくら》工を中退して阪急に入団している。やがて支配下選手として登録されるが、1981（昭和56）

年からは一軍登録されて三塁手として出場。翌年にはユーティリティー内野手の扱いで出場試合数が増えるが、1982（昭和57）年5月には日本ハムとの試合で、めずらしい左右両打席本塁打を記録している。

こうして少し変わった記録で目立った松永だったが、やがて1984（昭和59）年には打率3割1分を記録すると、1985（昭和60）年には26本塁打で38盗塁という中軸を打ちながら足もあるスタイルを築き上げ、盗塁王を獲得している。

1988（昭和63）年にはロッテの高沢秀昭と首位打者争いを演じている。この首位打者争いでは先をいく高沢が打率をキープするために出場しないことで、松永はロッテ投手陣から四球攻撃で勝負してもらえず、結局この年は1厘差で高沢に逃げ切られることになって、ついに首位打者には届かなかった。そしてチームは翌年から親会社が阪急からオリックスに変わることになった。

平井は東福岡から愛知工大に進学し、愛知大学リーグでは首位打者を1度獲得している。当時はまだ地方連盟という認識が強かった愛知大学野球連盟だったが、2年前に同じ愛知工大から西崎幸広投手（日本ハム）を輩出したこともあって、プロ球界ではちょっと気になる地方リーグという認識になった。そんな愛知工大で首位打者を獲得している選手だから獲得しておいても悪くはないだろうという判断があったのか、6位指名でロッテ入りしている。

さほど選手層が厚くはなかったロッテで、1年目から一軍に帯同していた。3年目の1991（平成3）年にはレギュラーとして外野の定位置を獲得した。そして、その年、松永と熾烈な首位打者争いを演じる。

この年は10月6日の段階でオリックスは当時の公式戦130試合を終了し、松永は3割1分4厘の打撃成績で首位に立った。しかし、当時の規定打席数の403にあと20打席届いていない平井の打率は3割1分8厘6毛で松永を上回っていたが、この時点でロッテはまだ7試合を残していた。

ここから平井は3試合で14打席を消化して8打数3安打。これで規定打席まであと6となった。これで数字的には6打数1安打で松永を上回ることになった。四球か犠打などがあれば、打席数を消化して打率は落ちないことになるため、平井としてはかなり有利になった。

あと3試合というところになって、平井が3打席をこなして3打数0安打だと松永に抜かれるが、2打数0安打で首位打者をキープという状態になった。翌日の試合では先発メンバーから外れていたが、先頭打者の西村徳文が出塁すると代打で登場して送りバントを決める。これで残り2打席を凡退しても打率としては平井が松永を上回ることになり、首位打者が確定した。

結局、2打席凡退したが、ギリギリの規定打席に到達して3割1分4厘4毛で、3割1分4厘0毛の松永をわずかに上回って初の首位打者獲得となった。

こうした選手のタイトル獲得に向け、監督を含めて球団ごとに、なんとか所属チームの選手にタイトルを獲らせたいという思いで、さまざまに画策をすることがある。それをどう捉えるのかも、それぞれの見る人たちの考え方だろう。

ただ、タイトルを獲得することの重さ、そしてタイトルを獲得できるチャンスが、よほどのスーパースターではないかぎり毎年訪れるわけでないことを考えると、そのときに、そのチームにかかわっている者として、「なんとかウチの選手にタイトルを獲らせたい」と思うのもまた人情というものである。

そうした駆け引きのなかで、プロ野球の本来のおもしろさ、醍醐味《だいごみ》を失わせて興味を削《そ》ぐものだといってしまえばそれまでかもしれない。しかし、シーズン1年を戦ってきたなかで、シーズンをフルに活躍することで最終的に訪れるタイトル獲得のチャンスである。

それを生かそうとすることの画策がそんなに悪いものだと思わない。

1年間頑張った選手に対するご褒美としても、そういう配慮は悪いものではないのではないか。ことにポストシーズンゲームのクライマックスシリーズがなかった時代ではシーズン終盤には余計にそんな配慮があったのではないだろうか。

第5章

覇権を争った「因縁の対決」

プロ野球では名将と呼ばれる監督たちの戦いも注目される。
ことにお互いにライバルとして認め合っている同士では
選手の対決以上に注目されたものもいくつかあった。
そんなライバル同士の指揮官の
「お互いに譲らないぞ」という知恵比べを含めて
注目された対決をいくつか選んでみた。

三原脩×水原茂

早慶戦から日本シリーズまで炎を燃やし続けた宿命のライバル

プロ野球より学生野球のほうが人気を集めて注目度が高い時代があった。プロ野球がいまのような隆盛を迎える前の時代である。学生野球でも、ことに東京六大学野球はラジオで中継され、新聞報道が大きく、絶大な人気と注目を集めた。そんななかで早稲田大と慶應義塾大は伝統があり、まさに野球人気の旗頭だった。その対戦こそが因縁の対決とされていた。

当時のスター選手として、早大には三原脩、慶大には水原茂がいた。ともに香川県の出身で、三原は高松中、水原は高松商の出身だった。つまり、同郷の、しかも県を代表する中等学校と商業学校の看板選手同士だった。当時は野球どころとして全国に名を馳せていた強豪校同士だ。

その看板選手が東京六大学の早大と慶大というライバル校に分かれて進んでいったのである。いまほどメディアでは報じられなかった時代であっても、関係者のあいだでは大いに関心が持たれた。そして、その期待に応えるべく、それぞれが大学野球でも活躍し、その後は発足して間もない職業野球（現在のプロ野球）の道へと進んだのである。

日本ハムの監督を長く務め、日本一に導いて2023（令和5）年のWBCでは侍ジャパンを率いた栗山英樹監督は、野球人として三原を尊敬してやまない。迷ったときに「三原さんだったら、どうするのだろう」と考えるのだという。そしてノートには三原の言葉が多く書き記されている。

奇策というよりは、それが最善の策と思えるものを選択していく考え方。どちらかというと野球の王道に近い水原に比べると、三原は奇策ということになる。だが、それがまた持ち味であり、水原采配とのコントラストとなって多くの野球ファンの心を捉えた。

水原と三原は学年にして水原が3つ上となる。しかし、当時の学校制度によって高等小学校を経て高松商に進んだ水原と、尋常小学校から直接丸亀中に進んだ三原とは中等学校野球では1学年差となる。当時、中等野球を目指した有望選手は高等小学校を経て強豪校に入学するケースが多かった。これに対して学力優秀な小学生はそのまま県内有数の中等学校に進学する。なお、三原はやがて県下一番の学校といわれた高松中に転校している。

こうして同じ香川県で甲子園を目指すことになる。もっとも、野球の実力ということでいえば高松商が勝っていた。1927（昭和2）年夏には水原投手を擁する高松商は全国制覇を果たしている。

水原はその後、慶大に進学し、三原は当初は高松中から旧制の官立学校を目指したといわれるが、ひょんなことから早稲田大学高等学院に進み、野球を続けることになった。

そして早慶戦で水原と対戦することになるのだが、プレーヤーとしては水原のほうが上だったのは否めない。というか、水原はすでに当代切ってのスター選手だったのである。とうてい三原はおよばない存在ということになる。しかし、三原はホームスチールを決めるなど華やかなプレーで対抗した。

やがてともに職業野球に進んでチームメートとなるのだが、その選手時代より二人がライバル関係として意識せざるをえなくなるのは、戦後になってプロ野球が復興し、監督となってからだった。

1リーグ時代に最初に巨人の監督を務めたのは三原だった。水原はシベリアに抑留されていたからである。三原は前年優勝の南海からエースの別所毅彦《たけひこ》を引き抜くが、「別所は1勝もしなくてもいい。南海に別所がいないことが大事」ということをいってのけた。これが「別所引き抜き事件」である。

しかし、こうしたやり方でチーム内に三原排斥運動が起こり、やがて追われるようチームを去る。そして代わりにシベリアから戻ってきた水原が招聘《しょうへい》された。

こうして三原にとっては水原に追い出されたような意識になったのだろうか。三原はパ・リーグの西鉄の監督に就任し、1954（昭和29）年に優勝。しかし、このときの日本シリーズの相手は巨人ではなく中日だった。結局、中日に敗れるのだが、その2年後、ついに三原・西鉄は日本シリーズで水原・巨人と対決することになる。

ここから3年連続で西鉄と巨人の日本シリーズが展開されることになる。そして、それはイコール三原監督vs.水原監督の対決だった。三原監督が巨人を辞して西鉄監督となった経緯を含めて、因縁の対決という捉え方をされた。

三原にとって幸運だったのは、この最初の巨人との対決の年に稲尾和久が入団してきたことだった。〝鉄腕稲尾〟は1年目に21勝で新人王を獲得するが、終盤の南海との激しいつばぜり合いに大車輪の活躍をした。また、打線には中西太と豊田泰光がいて、選手に恵まれていた。この年、中西は本塁打王と打点王、豊田は首位打者に輝いている。

日本シリーズは「勝負師水原vs.魔術師三原」などと称されたが、巨人憎しから「打倒巨人」への執念が強い三原・西鉄が4勝2敗で日本シリーズを初めて制した。MVPと日本シリーズ首位打者は豊田、最優秀投手は稲尾だった。

そして翌年はまさに「神様、仏様、稲尾様」と稲尾が奉られて西鉄黄金時代を形成した。稲尾は7月18日から2カ月以上の10月1日までで31試合20連勝だった。当時の投手起用としては大事な試合は連投あり、さらにリリーフで活躍して35勝。稲尾の起用法は〝三原マジック〟と持てはやされた。

2年連続の西鉄と巨人の日本シリーズは昭和の野球版「巌流島《がんりゅうじま》の決闘」と盛り上がったが、三原・西鉄が引き分けひとつを挟んで4連勝で制する。西鉄が巨人を圧倒して西鉄黄金時代を思わせるものだった。

さらに、その翌年も同一カードの日本シリーズとなったが、巨人が3連勝して前年の借りを返すかと思われた。ところが、第4戦で稲尾が完投して6対4で西鉄が勝利すると、そこから流れが変わり、以降、4連勝で西鉄の逆転優勝となった。

その後、巨人は打撃の神様・川上哲治《てつはる》が現役引退を表明。長嶋茂雄が新人王を獲得した年で、プロ野球は新しい時代に差しかかろうとしていた。三原監督としては水原・巨人に対して3年連続で勝利しての日本一は溜飲《りゅういん》が下がる思いだったはずだ。

こうして直接対決では魔術師が勝負師に勝っていき、これが三原マジックの真骨頂だった。巨人を追い出されたかたちで西鉄監督に就任した三原は日本シリーズで対巨人3連覇を果たし、ひとつの達成感があったのか、1959（昭和34）年はリーグ4位に沈んだ。

しかし、三原の対巨人というか、対水原に対してのリベンジは延長戦があった。

1960（昭和35）年に三原は巨人と同じセ・リーグの大洋の監督に就任する。大洋は6年連続最下位のチームで、2リーグ制になった1950（昭和25）年以降、1度もAクラスに上がったことがない最下位常連チームだった。巨人が6連覇を狙う年は、まさに三原マジックが炸裂《さくれつ》した年だった。

あれよあれよの快進撃で秋山登が21勝、前年4勝の島田源太郎が完全試合を含めて19勝。最後は巨人に4ゲーム半の差をつけて初優勝。その勢いで日本シリーズで大毎に4連勝で日本一となった。まさに三原マジックの集大成だった。

その後、三原は1967（昭和42）年途中まで大洋監督を務め、2位に2度導いている。

一方、水原はこの年に巨人監督を辞し、翌年からは東映監督に就任し、2年目にはリーグ優勝。パ・リーグでも勝負師らしさを示した。そして、その後は中日監督も務めている。

余談ではあるが、テレビアニメ『巨人の星』（日本テレビ系）にも巨人出身の中日監督として登場している。

長嶋茂雄×野村克也

現在では考えられない人気格差だった「ひまわりと月見草」

野村克也が監督時代にぼやいた発言によって、あまりにも有名になってしまった「ひまわりと月見草」。

「長嶋茂雄がいつも太陽に向かって咲いているひまわりなら、ワシ（野村克也）は月見草のようにひっそり咲いとる花なんや」

その発想の根源は、セ・リーグの超人気チーム巨人の看板スター長嶋に対し、当時はテレビ放映がなく、地味なパ・リーグで三冠王を獲ってもあまり注目されなかった南海の四番打者・野村というところから始まっている。

もっとも、この言葉はその後、両者が監督になってから野村によって発されたもので、指揮官としても、負けても華やかな長嶋に対して、勝っても地味に扱われる自分を皮肉って発せられたものだ。

野村の選手時代の最大の勲章としては、1965（昭和40）年に戦後のプロ野球で最初の三冠王に輝いたことだ。もっとも、それまでも3年連続で打点王と本塁打王に輝いていた。ただ、打率ではどうしても首位に立てなかった。それが1965（昭和40）年のシーズンには3割2分0厘で首位打者になって三冠王となった。

しかし、当時のメディアの扱いなどは、やはり盟主として扱われていたセ・リーグの巨人が中心で、パ・リーグの南海は小さかった。巨人のスター選手だった長嶋や王貞治はあまり野球に興味のない人も知っていた国民的スターだった。一方でパ・リーグの三冠王の野村は、野球に興味を持つ人しか知りえなかった。

これに対して長嶋は名門巨人の看板スター選手で、初の天覧試合では劇的なサヨナラ本塁打を放つなど、つねに華やかな存在だった。

その長嶋は1974（昭和49）年にチームが10連覇を逃したその年に、「私は今日、引退をいたしますが、わが巨人軍は永久に不滅です」との言葉を残して現役を引退。そして引退の翌年、すぐに監督に就任するが、監督1年目にはチームを創設以来初の最下位に落としてしまう。

そのころ野村はまだ現役を継続しており、1975（昭和50）年にはプロ野球史上最初の2500本安打、2500試合出場を果たしている。捕手兼任監督を務めていたが、1977（昭和52）年のシーズンに南海を退団。「生涯一捕手」の言葉を残してロッテ、西武へと移り、1980（昭和55）年に現役引退している。

引退後は野球解説者として辛口コメントもさることながら、投手の配球の妙や捕手のリードについてわかりやすい詳細な解説が評判となった。いまでは当たり前のように用いられている投手のストライクゾーンの9分割表示なども野村の考え方がもとになっているといわれている。

その野村理論が高く評価され、1990（平成2）年にヤクルトの監督に就任する。在任9年間でリーグ優勝4度、日本一に3度導いている。最初の優勝が就任3年目の1992（平成4）年だったが、「1年目に種をまき、2年目に花が咲き、3年目に実を結ぶ」の言葉を残した。そして野村理論の根底となるミーティングを重視した「頭を使う野球」が徹底され、「野村ノート」が話題となった。

どちらかというと勘とヒラメキで采配を振るうことが多い長嶋監督に対してライバル意識があったのだろう。データ重視のID（インポート・データ）野球を標榜《ひょうぼう》した。よりいっそう意図的に「野球とは頭のスポーツや。休憩が多いでしょ。だからみんな考える。メンタルのスポーツですよ」ということを説いていたのではないか。

ヤクルトを退団すると、翌年には請われて前年最下位の阪神の監督となる。もっとも、その時代は阪神が最も低迷した時代であり、野村流にいえば種をまく以前に畑を耕す必要があったようで、その3年間は最下位が続いて退団ということになってしまった。野村が土を耕し、種をまいたチームを引き継いだ星野仙一監督になって花が咲いて2003（平成15）年には実りを迎えている。

そのころ野村はプロ野球を離れて社会人野球のシダックスで3年間指揮を執っている。都市対抗ではベスト4進出などを果たし、野村流のトーナメント一本勝負の戦い方などを見いだした。

2006（平成18）年からは前年に新球団としてスタートして戦力に恵まれず最下位に

沈んでいた楽天の監督を引き受ける。初年度は47勝85敗（4引き分け）で最下位だったが、2年目の2007（平成19）年は20勝上乗せして67勝75敗と勝ち数マイナス8で4位にまで引き上げた。「あの戦力で、よくここまで戦えた。さすが野村監督」と評価する声が多かった。

そして2009（平成21）年には77勝66敗と貯金11で初めてチームをAクラスまで引き上げ、2位となった。戦力としては岩隈久志、田中将大、永井怜《さとし》が三本柱となって3人で41勝を稼いだ。

もっとも、野村監督としては「さあ、これからや」と思っていたところだったが、球団としては契約切れということで、あっさり解任。マーティ・ブラウン監督を招聘したが、最下位になったことで、周囲からはかえって野村監督の手腕が評価されることとなった。

そして阪神のときとまったく同じような経緯で、野村監督が土を耕し、種をまき、花を咲かせた土壌で、2011（平成23）年から就任した星野仙一監督が3年目の2013（平成25）年に楽天を球団初の優勝、日本一に導いている。

こうして野村監督は選手の発掘から育成という部分を含め、野球では考えながらプレーし、選手を育てていくことがいかに大事なのかということを示し続けた。

それは必ずしもスター軍団といわれるチームではなく、スターを育成することで成り立たせただけに、いまも多くの野球関係者や指導者はもちろん、ビジネスパーソンなどに野村の本が愛読され続けている。それだけを見ても、野村理論は人間を成長させていくことを含めて貴重だったのだと思わせてくれる。

「人間育成の3要素っちゅうのは、見つける、育てる、生かす、や」

「人間、年を取ると、カネを残すを下、仕事を残すを中、人を残すを上とす、ということや」

こうした言葉の一つひとつに含蓄がある。

長嶋はといえば、1975（昭和50）年から6年間監督を務めたのち、一時は現場を外れて解説やスポーツ中継のリポートのようなことをやっていたが、1993（平成5）年から第2次長嶋政権として9年間監督を務めている。

記録としては2度の監督就任で通算15年、1034勝889敗59分け、勝率5割3分8厘、優勝5度、日本シリーズ制覇2度という数字が残されている。チームが低迷しかかると、常勝軍団の宿命を担う巨人としては「長嶋茂雄」の名のもとに他球団の主力選手を連れてくることで他球団のファンからは顰蹙《ひんしゅく》を買った。

それでも「国民的行事」の最終戦での優勝決定戦や、「メイクミラクル」の大逆転優勝や、20世紀を締める「ONシリーズ」など話題をつくることにこと欠かなかった。

野村克也と長嶋茂雄。選手としても監督としてもまったくタイプが異なる両者である。しかし、それだけに、ライバル関係として対比すると、何かにつけて対照的でおもしろい。まさに因縁の対決といっていいだろう。

川上哲治×西本幸雄

「一度も日本一になれなかった監督」に立ちはだかった監督

おそらく日本の野球選手で最初に〝神様〟の称号を冠せられたのは川上哲治だろう。川上は中等学校野球の強豪、熊本工で2年生から4年間活躍して甲子園出場を果たしている。2年時と5年時の1937（昭和12）年夏は準優勝を果たす。翌年に職業野球の東京巨人軍に入団する。1939（昭和14）年には19歳で打率3割3分8厘で史上最年少の首位打者となる。1941（昭和16）年には21歳でMVPを獲得した。

その後は戦局が悪化して野球は中止を余儀なくされ、出征するのだが、戦後は故郷の人吉で暮らしていた。そこに巨人からの復帰要請を受け、1946（昭和21）年6月にセネタース（現・北海道日本ハムファイターズ）戦で復帰。ブランクがあったにもかかわらず打撃は好調で、「ボールが止まって見える」の名言を発するなどして〝打撃の神様〟と称されることになった。

まだプロ野球そのものが発展途上の時代だったとはいえ、戦前、戦後を通じて選手としては実働18年で、通算打率3割1分3厘、本塁打181本の数字を残している。

同時代に和歌山中（現・桐蔭）には西本幸雄がいた。西本は中学から職業野球に進まず、立教大に進む。その後は兵役に召集され、予備士官学校に入学する。終戦後は帰国すると社会人野球の八幡《やはた》製鐵（のちの新日鐵八幡）に入るが、すぐに全京都に移る。1947（昭和22）年には星野組に入り、1949（昭和24）年の都市対抗野球では監督兼一塁手として優勝に導いている。

その後、毎日オリオンズ（現・千葉ロッテマリーンズ）の創立にかかわり、1950（昭和25）年に入団。一塁手として活躍してコーチなどを兼任する。

日本が戦後復興を進めていくなかでプロ野球の世界で活躍した1920（大正9）年生

まれの二人だが、この両者の存在がクローズアップされるのは、むしろ指揮官になってからだった。日本が高度経済成長を続けていくなかで2リーグに分立して隆盛を迎えるプロ野球で、監督としてそれぞれに常勝チームをつくりあげる。

西本は大映スターズが毎日と合併して大毎オリオンズになるにあたって、1960（昭和35）年に監督に就任した。そして、その年にパ・リーグ優勝を果たして日本シリーズに出場するが、大洋に4連敗したことで永田雅一オーナーの心証を害して解雇される。

西本が本格的にその才を発揮するのは1963（昭和38）年に阪急の監督に就任してからだった。1973（昭和48）年までの11年間監督を務めるが、1967（昭和42）年から3連覇。さらに1971（昭和46）年、1972（昭和47）年に合わせて5度のリーグ優勝を果たしている。しかし、日本シリーズではことごとく勝ち切れずに日本一を逃している。

セ・リーグの覇者として西本・阪急の前に立ちはだかり続けたのが川上哲治監督率いる巨人だった。

川上は1958（昭和33）年に長嶋茂雄が入団してきたことでプロ野球の新しい時代の訪れを実感して現役を引退する。そして1961（昭和36）年に巨人監督に就任。以降、14年間監督を務め、1866試合で指揮を執り、通算1066勝739敗61分けという数字が残っている。

そのなかでも圧倒的なのが通算11度というリーグ優勝と11度の日本一だ。つまり、出場した日本シリーズではすべて勝っているのだ。この記録はおそらく今後も破られることはないだろう。最近では工藤公康がソフトバンク監督として日本シリーズに5度出場し、5度日本一に輝いているが、川上の11度にはおよばない。

当時は、いまのように衛星放送などを含めて多チャンネルでプロ野球が放映される時代ではなかった。月に何度かのNHKの放映以外は、巨人の親会社の系列である日本テレビが巨人の試合を中心に放映するだけだった。パ・リーグの試合はほとんど放映されることがなかったため、熱心なプロ野球ファンでないかぎり、あまり知られていないのが現実だった。

それだけに、パ・リーグのチームとしては、日本シリーズこそがチームが多くの人に知られるチャンスだったのだ。ところが、西本・阪急としては、せっかくペナントレースを勝ち上がって進出してきた檜舞台《ひのきぶたい》で勝ち切れないことで、かえってマイナスイメージになってしまった。

西本・阪急として最も悔やまれるのは、自身4度目の日本シリーズとなった1971

（昭和46）年だったのではないか。阪急はエース山田久志が全盛期を迎えていた。

　この年の日本シリーズは阪急の本拠地である西宮球場で始まったが、1勝1敗で舞台を後楽園に移した。阪急は2回に大熊忠義のタイムリーで先制する。その後は山田と関本四《し》十《と》四《し》との投手戦が続いた。そして最少点差で阪急がリードしたまま9回を迎えた。

　サブマリンが冴《さ》えわたった山田だったが、一死から柴田勲に四球を与えてしまう。しかし、続く柳田俊郎（現・真宏）を右飛に打ち取り、あとひとり。三番長嶋は内野ゴロで仕留めるイメージだった山田。そのとおりの打球かと思われたが、少し三塁寄りに守っていた阪本敏三遊撃手の横を打球がすり抜けて一・三塁となる。

　そして王の打席となるのだが、この日本シリーズではここまで王は不調だった。念のためマウンドに行った西本監督は捕手の岡村浩二と相談して勝負を選択した。カウント1－1からの3球目。内角低めのアンダーハンドからのストレートは打ちにくい球だったが、それを王はしっかり捉えた。打球はライトスタンドに飛び込む劇的な逆転サヨナラ3ランとなった。ガックリうなだれる山田を西本は静かに迎えた。

　これで意気消沈した阪急は、その後は敵地で連敗し、1勝4敗で敗れ去った。翌年も西本・阪急は川上・巨人に勝つことができず、やはり1勝4敗で散る。

川上は1974（昭和49）年に中日にセ・リーグ優勝を明け渡し、10連覇を逃して退任。その年、西本は近鉄の監督に就任した。そして近鉄では1979（昭和54）年、1980（昭和55）年と連続でリーグ優勝を果たす。お荷物球団といわれた近鉄を初めてリーグ優勝に導き、その手腕が高く評価された。通算リーグ優勝8度を誇ったが、ついぞ日本シリーズでの美酒は味わうことができなかった。

それでも11度出場した日本シリーズをすべて勝ち切った川上監督とともに名将としての評価は変わらないものがある。ただ、西本にとっては監督として「打倒・川上監督」は果たしたかったただろう。

森祇晶×仰木彬

「管理野球vs.放任野球」が演出した数々の名勝負

1980年代のプロ野球で西武全盛期時代をつくりあげた森祇晶《まさあき》。この時代、西武は明らかに森の出身母体である巨人に取って代わって球界の盟主という立ち位置に立っていた。徹底した管理野球で、派手さはないが確実に勝てる常勝軍団をつくりあげたのだ。

9連覇という不滅の記録を打ち立てた昭和40年代の常勝巨人。王、長嶋はじめ柴田勲、堀内恒夫などスター軍団のなかで、捕手というポジションで、森はどちらかというと地味な存在だった。ただ、勝つ野球とはどういうものなのかということは、守りの要の捕手というポジションをこなしながら身をもって学んだのだ。

一方、仰木彬は昭和のパ・リーグの西鉄OBらしい野武士体質の選手だった。管理とは無縁の選手時代だったが、自分の仕事はきちんとこなす職人肌だった。ある意味では放任主義といえるものだった。そのスタイルは指揮官となっても変わることはなかった。選手の癖なども、それを個性として捉え、無理して修正しようなどとは考えなかった。

そうしたなかで、当時、変則的な振り子打法で前任の土井正三監督から外され気味だった鈴木一朗の打撃スタイルを変えないまま起用。その代わり、登録名を「鈴木」から「イチロー」とした。それも、その後、イチローが「ICHIRO」として世界に羽ばたいて開花する要因のひとつになった。仰木とはそういう発想ができる人物だったのだ。

当然のことながら、森と仰木の野球のスタイルは、まったく対照的だった。

1974（昭和49）年に巨人が10連覇を逃して川上哲治監督が辞任した年に森は現役を引退している。そして野球解説者やヤクルト、西武などのコーチを経て1986（昭和61）年から1994（平成6）年までの9年間、西武の監督を務める。

この間には1986（昭和61）年から1988（昭和63）年と1990（平成2）年から

1992（平成4）年と2度の日本シリーズ3連覇を含めてリーグ優勝8度。日本シリーズ優勝6度という数字が残っている。西武監督としては9年間で673勝438敗で勝率6割6厘という数字は卓越している。

その西武の2度の3連覇の間隙を縫ってパ・リーグ優勝を果たしているのが、仰木彬率いる近鉄だった。

1988（昭和63）年に前年最下位だった近鉄監督に就任した仰木は独特のムードづくりでチームの士気を守《も》り立てていった。「西武は常勝チームで強いが、野球がつまらない」という声が多かったなかで、「仰木・近鉄は何やってくるかわからんから、おもろいで」と地元の近鉄沿線のファンが増加していった。

図らずも昭和という時代が終焉を告げるのだが、昭和とともに成長して発展してきたプロ野球に新しい時代が訪れかけていた。というのも、阪急と南海という関西の老舗球団が相次いで身売りを発表し、それぞれオリックスとダイエーという新たな産業がスポンサーとなった。

鉄道が日本の産業を支えて高度成長にひと役買っていた時代からリース業や流通業などの新たな消費経済の産業が球団を持つようになってきたのである。そんななかで近鉄は鉄道産業の会社として阪神、西武とともにまだまだ頑張っていた。

新しい元号の平成となった1989（平成元）年のシーズン、パ・リーグは常勝軍団・西武と前年にはあと半勝で優勝を逃した近鉄、そして新星オリックスの三つ巴状態となる。当初は開幕8連勝などの勢いでオリックスが走ったが、7月、8月になって近鉄が浮上する。7月に対オリックス3連勝が効いた。

やがて首位に躍り出た近鉄は8月17日のオリックス戦でシーズン3度目の1試合3本塁打を放つブライアントは前年に来日して中日入りしていた。しかし、外国人の選手枠の関係があって、二軍でくすぶっていた。「それなら、ウチでもろたらええやろ」ということで仰木・近鉄の戦力となっていた。

そしてオリックスがやや失速してくるとともに4連覇中の西武が浮上してきた。この年は4月に出遅れていたのだが、さすがに常勝軍団だ。森采配は華やかさはないが、こうした競り合いになってくると、やはり勝負強い。9月16日についに首位に浮上する。その後は三つ巴状態が続くが、10月5日にオリックスにマジック8が点灯する。しかし、すぐにそれは消滅し、西武が再度首位に浮上。近鉄は自力優勝がなくなった。

ところが、ここから近鉄の驚異のお祭り野球の火が灯《とも》る。残り5試合、ひとつも落とせないトーナメント状態になったが、西武との直接対決の3連戦で、近鉄はブライアントの4打数連続本塁打という恐るべき破壊力を見せつけるなどして3連勝。

その翌日は近鉄は試合がなかったが、オリックスが最下位のロッテに敗れたことで近鉄にマジック1が灯った。初のマジックがいきなり1。優勝への産みの苦しみを味わうことなくダイエー戦に勝利して近鉄は9年ぶりのリーグ優勝を果たした。仰木監督の選手の自由に任せたような采配が緻密な森監督の西武野球に前年の借りを返すかたちになった。

勢いに乗った仰木・近鉄は日本シリーズでそのままの勢いで巨人に3連勝。3戦目の勝利投手の加藤哲郎がヒーローインタビューで「巨人はロッテより弱い」と発言したことで巨人が奮起してしまって、そこから4連敗。それもまた仰木・近鉄らしいといえばそうなのかもしれない。

もっとも、この加藤の失言は厳密には「リーグ戦で苦しい戦いをしてきたため、日本シリーズは（最下位の）ロッテとの試合より戦いやすい」というような内容だったのだが、マスコミに一部を切り取って記事にされたことで波紋を呼んだということのようだ。

もちろん、森監督率いる西武だったら、まずこういった失言は起きていないだろうが、おもしろみがないといえばそうかもしれない。

第6章

深い遺恨を生んだ「因縁の対決」

さまざまな事情や移籍や入団にまつわる因縁によって
球史に残るような遺恨が発生することもある。
プロ野球という舞台で、それぞれのこだわりを持ちながらも、
その枠を磨いてきた者たちにとって、
それはプライドを懸けた戦いとなる。
その両者の対決は場面によって社会的に大きく注目されることになる。

長嶋茂雄×杉浦忠

長嶋の翻意が引き起こした因縁を一掃した杉浦の快投

人材発掘と育成ということでいえば、当然の企業努力として有望な人材をどう獲得するのかということになる。それはプロ野球チームにとってもまったく同じ理論である。有望選手をいかにして獲得するのかということは、チーム戦略というか、企業戦略として絶対的に必要なことである。

現在のプロ野球は通称ドラフト会議と呼ばれる新人選択会議を経て、そこで指名された選手しかプロ野球入りできないシステムとなっている。また、高校生と大学生の選手は事前に「プロ志望届」を提出しなくてはならない。ドラフト制度は1965（昭和40）年から始まって、何度か変更しながら今日にいたっている。

そのドラフト制度が実施される以前は、いわゆる自由競争で、有望選手にはいくつもの球団が殺到して熾烈な獲得合戦を繰り広げていた。ことに当時の人気ではプロ野球をしのいでいた東京六大学の看板選手、人気選手は各球団が喉から手が出るほど獲得したがっていた。

当時のプロ野球は、いまほど熱狂的なファンが存在するものではなく、「野球をやってカネを稼ぐ〝職業野球〟」として、人々の風潮としては、むしろ学生野球などのアマチュア野球より一段低く見られていたという背景があった。

1957（昭和32）年秋の東京六大学は立教大が連覇を続けており、圧倒的な強さを示していた。その立教大には打者でリーグ本塁打記録を樹立した長嶋茂雄、投手では下手《した》投《て》げのエース杉浦忠がいた。

当時、パ・リーグでは圧倒的な強さを誇っていた南海は、この両選手を獲得しようと画策した。杉浦は1957（昭和32）年秋のリーグ戦では早稲田大戦でノーヒットノーランを達成。大学通算36勝12敗で14完封という記録を引っ提げており、多くのプロ野球関係者が接触してきた。

そして大学では2年上の先輩にあたる大沢啓二が二人をセットで入団させることに尽力した。杉浦はその先輩の声に律義に従って、すんなり南海入りが確定した。長嶋も大沢先輩にいろいろ面倒を見てもらっており、3年生のときには南海入りを決意していたといわれている。

ところが、長嶋が神宮で活躍するにつけて在京球団が動き出す。当時、国鉄は下位が定番のチームである。対して巨人は読売新聞を背景にその影響力を誇示していた。それでも当初は南海に気持ちが傾いていたが、巨人側は家族を含めて説得に当たり、東京の巨人のほうが家族にとってもいい話だとか、南海には蔭山《かげやま》和夫という三塁手がいて、入ってもすぐには出場できないのではないかというような話をした。

やがて長嶋の心は巨人入りに傾く。長嶋は大沢にわびを入れて巨人入りを選択した。「なんだよ、男と男の約束じゃねぇか」と大沢は裏切られた気になったようだった。そして、それ以上に南海が「巨人に長嶋を横取りされた」という認識になった。

プロ野球が2リーグに分立してまだ10年に満たないころである。現在のように交流戦などはなく、セ・リーグの巨人とパ・リーグの南海が対戦するのはオープン戦は別として、日本シリーズしかなかった。南海はその日本シリーズで4度、巨人と対戦し、いずれも敗れていた。日本シリーズでまだ巨人を倒して日本一になっていなかったのだ。

それだけに杉浦と長嶋を獲得して日本シリーズで勝ちたかったのは当時の鶴岡一人監督だけではなく、南海関係者の悲願だった。しかもパ・リーグのライバル西鉄は1956（昭和31）年から3年連続で日本シリーズで巨人を下して日本一になっていたのだ。

そして迎えた1959（昭和34）年のシーズン。南海は前年に杉浦が27勝12敗、14完投という大車輪の活躍で新人王を獲得したが、その杉浦は2年目には超人的な活躍を示した。なんと、いまではとても考えられない38勝4敗、9完封という成績で、もちろん最多勝を獲得し、南海はパ・リーグを制した。一方、巨人は常勝軍団らしくセ・リーグでは2リーグ分立後8度目の優勝を果たした。

日本シリーズは5度目の「巨人vs.南海」の対決となったのだが、この年は入団にいたる杉浦、長嶋獲得に関する騒動があっただけに、お互いの遺恨も強くなってきていた。ことに南海側としては「もうこれ以上、巨人には負けてられへんで」という意識がより大きくなっていった。

その日本シリーズでは南海が積年の思いだった打倒巨人を果たすのだが、それも4戦全勝というものだった。杉浦がフル回転の活躍で連投に次ぐ連投の末に4試合すべてに登板している。

こうして南海は4連勝で日本シリーズを制して、鶴岡監督は感涙にむせんで、のちに〝涙の御堂筋《みどうすじ》パレード〟と語られる優勝パレードが行われた。初めて巨人に対して勝った南海の鶴岡監督は、4タテを食らわせたことで、これまで苦悩し続けた悔しさの鬱憤を晴らした。

そして、その原動力となったのが前年から選手獲得で競い合っていた巨人との獲得合戦のなかで早くアプローチし、律義にそれに従って入団した杉浦で、連日の好投で巨人を抑え込んだことで溜飲が下がったといっていい。ことに長嶋を抑えたときの南海ファンの盛り上がりぶりは大変なものだった。

プロ野球チームにとって新戦力としてどんな選手を迎え入れるのかは毎年のテーマである。そして、いかにチームの方針に沿った選手が獲得できたのかが翌年以降のチーム運営にかかわる。ドラフト制度がなかった時代においては、なおさらそれが企業努力につながった。

そうしたなかで、南海としては自分たちの約束を反故《ほご》にした相手の巨人に対して初めて勝ったことは大きかった。日本シリーズという制度のなかでも歴史的な要素を持って輝いていたといっていい年だった。

江川卓×小林繁

「江川の犠牲者」の声を払拭した小林の「対巨人8連勝」

プロ野球のドラフト史上最大の事件といわれているのが〝江川騒動〟と呼ばれる江川の巨人入団にいたるまでのひと騒動だ。江川卓というひとりの選手が「何がなんでも巨人に入団したい。他球団ではイヤだ」ということで、すったもんだの挙げ句に巨人に入団するまでの経緯で起きた一連の事件である。

そして、そのことによって、ひとりの被害者というか、思わぬかたちでトレード要員となった選手が出現したことで騒ぎはさらに大きくなった。その選手こそ、当時の巨人のエース小林繁だった。

当然のことながら、マスコミや世間には小林に対して同情的な感情が育まれた。そして不本意ながらもあえて組織の指示に従った漢気の小林と、自分の我を通し続けたヒール江川という構図はできあがった。

江川は作新学院時代から〝怪物投手〟として騒がれた。甲子園では優勝投手にはなれなかったが、3年の春の初めてその姿を甲子園に現したときの衝撃は昭和の高校野球を知る者にとってはかつてないものだった。

とにかく百戦錬磨の北陽や今治《いまばり》西の打線をしても、ほとんど打球を前に飛ばすことができなかったほどだった。選抜の開幕戦、北陽の打者がファウルした際に「ホーッ！」とスタンドが沸いたくらいだ。それくらい江川の速球は速かったし、威力があったのだ。

高校3年時のドラフトでは江川は大学進学を打ち出したが、阪急は敢然と指名にいった。しかし、江川は拒否。予定どおり六大学進学を目指した。ただ、当初の志望校だった慶應義塾大ではなく、結果としては法政大になった。

それでも法政大の江川は圧倒的な力を示して勝ち星を重ねた。こうしてドラフト最大の目玉となる。ただ、本人は「巨人志望」の姿勢を崩さなかった。そして巨人以外ならプロ入りしないことを宣言し、「だから他球団は指名しないでほしい」という逆指名宣言までしていた。

結果的に1位指名を受けたクラウンライターを拒否。そのあとに社会人野球に進むのではなく、浪人して「作新学院職員」という身分で海外留学し、翌年のドラフトを待つことになった。

江川はマスコミ等の取材を避ける意味合いを含めて海を渡った。ここまでの流れだと、これでスッキリ「浪人江川」は翌年のドラフト待ちになるものと思われた。

そしてドラフトを翌々日に控えた日に江川は突如、帰国する。それは指名に対応するためと思われたが、ここでとんでもない裏技がしかけられた。

ドラフト前日には前年ドラフトの交渉権が切れるという「空白の1日」をついて、この日にかぎって選手の身分はフリーなのだという理屈で、巨人が強引に江川と入団交渉が成立して契約したことを発表した。

この巨人のあまりにも強引で身勝手な解釈に対し、ほかの11球団も世論も反発したのは当然だった。コミッショナーもこの契約は不成立だとの見解を出した。巨人側はそれに反発して翌日のドラフト会議を欠席。11球団で行われたドラフト会議で阪神が江川を指名し、交渉権を獲得した。

それをよしとしない江川サイドと巨人側はゴネた。困ったコミッショナー側は最終的に「強い要望」ということで、江川がいったんは阪神と入団契約し、そのあとにトレードで巨人に移籍することを提案。しぶしぶそれに従った巨人側だったが、阪神側はトレード選手として巨人のエース小林繁を指名した。

結局、これで巨人江川が誕生するとともに、小林の阪神移籍が決まった。

「同情はいらない。哀れみの目で見るのもやめてほしい」

小林が阪神の秋キャンプに参加した際に発した言葉だった。しかし、メディアは悪玉の江川に対して善玉で漢気のある小林として取り上げた。当然のことながら二人の関係には遺恨が残った。

プロ野球選手にとってトレードは当然あるべきことだから、それで指名されたら、素直に受け止めるのがルールである。ただ、今回の江川と小林のトレードは、プロでまだなんの実績もない江川と、片や巨人のエースである小林とのトレードで、しかもコミッショナーの強い要望で成立したものである。前例のないかたちが、小林がどういうシーズンを過ごしていくのかというファンの興味をかき立てた。

それでも小林には被害者という意識はなかった。「野球を続けるために阪神に移籍した。ただそれだけ」という思いだった。

1979（昭和54）年4月10日、甲子園。小林はタテジマのユニフォームを着て巨人に対して初めてマウンドに立った。さすがの小林も、やはり緊張はぬぐえない様子だった。「巨人を完投して抑えたい」と思っていた小林だったが、結局、8回途中まで投げて3失点。それでも「小林に勝たせたい」という阪神打線が奮起し、小林に対巨人初勝利をプレゼントした。

そのころ江川はまだ球団の出場自粛によって登板することができない状態だった。

小林はその後、5月3日に巨人から2勝目を挙げる。そして5月22日には完投勝利。6月1日には4勝目。そのころ江川はやっと自粛が解けてマウンドにのぼることができたが、阪神打線に打ち込まれる。

小林はこの年、対巨人8連勝を飾る。これで「男・小林」は阪神ファンから大ヒーローとして奉られた。まさに、のちのち「小林繁、伝説の対巨人8連勝」といわれることになるのだ。この年の小林は、シーズンを通して22勝を挙げ、沢村賞を受賞した。しかしながら、阪神は4位に低迷した。もっとも、小林に8連敗している巨人はそのひとつ下の5位だった。

ただし、この年は結局、巨人対阪神の試合で江川vs.小林の投げ合いは実現しなかった。やはり、ファンとしてもマスコミとしても、その遺恨対決こそが、まさに因縁の対決という思いだった。

その対戦が実現するのは、翌年の8月16日まで待つことになった。

この試合、小林は「巨人に対する意識が変わりすぎてしまった」ということがあって、5回で降板。逆に江川は完投して勝利投手となっている。

小林はその3年後、当時まだ31歳だったが、突然の引退を表明した。「肘が曲がらなくなった」ということだったが、やや変則的なサイドスローとしての勤続疲労があった。じつは江川以上に「記録より記憶に残る投手だった」といえよう。その最たるものが移籍1年目の対巨人8連勝だったことはいうまでもない。

江川の現役生活は9年。実質は短命の投手だった。そして、この二人が投げ合ったことがほとんどないなかで因縁の対決とされているのは、あまりにもセンセーショナルなトレードによることが大きかった。

小林は引退後は近鉄や日本ハムのコーチなどを務めていたが、２０１０（平成22）年のキャンプ目前にして突然の訃報が届いた。享年57だった。そのことがまたファンには小林の悲壮感を思い出させることになった。

清原和博×桑田真澄

ヒーローとヒールを交互に演じ分けた稀代のスーパースター

甲子園の高校野球で1980年代には間違いなく一時代を形成していたのがPL学園だった。

そのなかでも桑田真澄と清原和博は1年生のときから片やエース、片や四番打者として甲子園に出場し、在学中の5季、すべてに出場して全大会でベスト4以上。1年夏と3年夏には全国優勝。2年時は春夏ともに準優勝。そして3年時の春には準決勝で伊野商に敗れてベスト4止まり。初めて決勝進出を逃す。しかし、夏には順調に勝ち上がって決勝で宇部商を下して全国制覇。

二人はそのイニシャルを取って〝KKコンビ〟と持てはやされた。

当然、その後の二人の進路が注目された。清原は早くから「巨人志望」を公表した。しかし、他球団は指名さえすればなんとかなるという姿勢を示していた。一方の桑田はプロには進まないで早稲田大への進学の方針を打ち出していた。だから、あえて桑田を指名する球団はないというのが大方のメディアの見方だった。

そんなこともあって、ドラフト当日の注目としては、果たして巨人以外の何球団が清原を指名してくるのかに興味が集まった。つまり、「巨人熱望」打ち出している清原に対して、あえてリスクを冒して指名する球団があるのか、というところだった。

ところが、1985（昭和60）年のドラフトは、いざ蓋を開けてみたら、巨人は清原指名ではなく、早稲田大進学を強く打ち出していた桑田を指名した。そして清原には「交渉権を獲れればなんとかなる」という思いの球団が多かったのか、南海、日本ハム、中日、近鉄、西武、阪神の6球団が入札。抽選の結果、西武に交渉権が与えられた。

清原は巨人がクジを外したというのならまだしも、指名すらなかったということで失意に落ちた。しかも自分ではなく同じＰＬ学園で〝ＫＫコンビ〟として持てはやされたもうひとつのＫの桑田だったのだから、清原としてはさらに傷ついた。

しかし、プロ入り以外の選択肢を用意していなかった清原は最終的には西武に口説かれて入団した。ルーキーイヤーの清原は開幕2試合目の南海戦に初出場し、2打席目に本塁打を放つ。5月には定位置を獲得してシーズン後半には四番に座った。そして打率3割4厘、本塁打31本、78打点と高校から入団した新人としては文句なしの数字を残して新人王に輝いた。

また、ファンの多くも、ドラフトでは巨人に裏切られたが、思いどおりにならなくても、与えられた環境でけなげに頑張っている爽やかな青年というイメージで応援された。

そして、2年目の１９８７（昭和62）年の日本シリーズは巨人相手で、優勝が目前となった第6戦の9回の守りでは感きわまって涙を流しながら一塁を守った。それをマウンドの工藤公康に慰められ、その光景が共感を呼んで「一途《いちず》に頑張る好青年」と多くのファンが称えた。西武ファンを公言していた女優の吉永小百合《さゆり》が、そんな清原の姿を称賛したことで、さらに好感度は増した。

これに対して桑田はというと、ドラフトの経緯から、「大学進学を口実にして自分のわがままを通したずるいヤツ」というイメージを持たれた。しかし、そんな世間の声には知らん顔を装い、2年目には巨人のエースとなり、防御率1位投手となり、沢村賞を獲得している。そして1988（昭和63）年には球団史上最年少の20歳で開幕投手となった。

なんだかんだといわれつつ、1987（昭和62）年以降、6年連続の2桁勝利を記録し、1989（平成元）年には17勝をマークしている。こうした活躍とは別に親族が不動産売買などに手を出していたことから「投げる不動産屋」などといわれた。そんな桑田の生活スタイルを暴露したスポーツ用品メーカーの元営業マンの本などが刊行され、桑田は入団の経緯からダーティーなイメージをより濃く印象づけられた。

しかし、1995（平成7）年に肘を痛めて戦列を外れ、1年間はリハビリ生活を送ることになる。

清原は逆に好青年から西武の主軸のスラッガーというイメージをつくりあげた。内角攻めにカッとなって乱闘を呼び起こしたことはあったが、常勝軍団・西武の四番打者という地位は揺るぎなかった。

やがて清原は1996（平成8）年オフにFA宣言をして巨人と地元の阪神が手を挙げた。当時の阪神の吉田義男監督は「阪神のユニフォームのタテジマをヨコジマにしても来てほしい」と独特の表現で思いをアピールしたが、清原は長年の思いがあり、憧れの「GIANTS」のユニフォームに袖を通すことを選択した。

そのときの清原は、まるでプレゼントをもらった少年のようにはしゃいでいた。折しもリハビリ中だった桑田と高校時代以来のチームメイトとなった。

しかし、その巨人の自分への扱いは自分が思っていたものとはいささか違っていたようだった。それに私生活を含めて些細《ささい》なことでもマスコミに取り上げられ、あることないことを書かれることになった。目立つ球団の宿命といえばそれまでなのだろうが、歓楽街で羽目を外すことを余儀なくされ、プレーでちょっとしたことでムッとすると過剰に取り上げられた。

そんな清原のストレス解消が筋トレだった。だから、巨人入団後はさらに筋肉体質になって格闘技選手のような肉体になり、野球に向いていないのではないのかと疑問視されることが多かった。いつしか写真週刊誌などではコワモテのゴツイ選手という扱いになった。

桑田はリハビリを経て1997（平成9）年に復帰。開幕3戦目で先発するのだが、その際にマウンドの投手板に腕を重ね合わせ、復活できたことに対して感謝を表すパフォーマンスがファンの心をつかんだ。そして、その試合で勝利投手となったことで、いつしか称賛の対象となった。

同年にFA権を獲得したが、メジャー行きを選択せず巨人と再契約したことで、義理堅い律義な男と、入団当初とは180度評価が違っていた。ケガからの復帰、地味なリハビリ活動に耐えたことと、その間に大学院などで勉強した野球理論、投球理論などを徐々に披露していくことで、クレバーな投手というイメージを与えた。

こうして清原と桑田が巨人でチームメイトになってから久しくして、その周囲の扱いは逆転した。

ただ、清原にしてみれば、ドラフトの際の桑田の本心はわかっていない。桑田自身は「早稲田大には進学したかったが、巨人の指名で心が動いた」というにとどまっており、密約があったのかどうか、その真実はわからない。

そして高校3年間、甲子園という高校球児なら誰もが夢見て憧れる檜舞台でずっとスポットライトを浴び続けた二人。そこにどんな友情の絆《きずな》があったのか、なかったのか、それは外から見ている者にはわからない。

金田正一×太平洋クラブ

放送禁止用語も飛び交った「不人気球団」の過激すぎる演出

遺恨試合という表現は昭和の興行界では、とくにプロレスの世界で、あえてお互いに遺恨をつくって事前に盛り上げる手法のひとつとして用いられた。

その時代のプロ野球のスタンドでは、いまの時代のように、みんなで声をそろえて同じ応援歌に手拍子したり、声をそろえて「かっ飛ばせー○○」などと叫んだりするスタイルはなかった。それより、ビールを飲んだ紙コップの底をくり抜いてメガホン代わりにしてオヤジたちがヤジを飛ばす光景が普通だった。

しかも、そのヤジの内容は、かなりえげつないもので、選手に対する侮蔑や差別語もありという下品なものが多かった。その是非は別として、それはそれでプロ野球のスタンドの大人たちの文化として成り立っていた。

そんなプロ野球のスタンドはセ・リーグに比べて注目度が低かったパ・リーグの場合は、言葉は悪いかもしれないが、「なんでもあり」という雰囲気があり、ヤジはより過激になっていったというところがあった。

この時代のプロ野球は、注目度というか人気はメディアを含めて圧倒的にセ・リーグだった。そのなかでも巨人の試合がメインとしてテレビで放映され、パ・リーグの試合はほとんど放映される機会はなかった。

2リーグ分立でプロ野球は興行として大きく広がるはずだったが、実質は巨人戦がないパ・リーグの球団はその運営に苦慮していた。なんとか注目してほしい、興味を持ってほしいという思いがあったのは監督や選手といった当事者たちも同じだった。

高校時代は愛知県の享栄で活躍して夏の甲子園出場を逃すと、「もう高校でやることはない」と中退してプロ野球の道を選んだ金田正一は国鉄に入団するが、国鉄は当時、下位に低迷するチームであり、巨人戦以外は注目されることはなかった。そんななかで好投しても、なかなか勝ち星に恵まれない金田は晩年になって「一度は日本シリーズで投げたい」という思いを発して巨人に移籍する。

そんな金田は現役引退後、やがてロッテの監督に就任する。当時のロッテは南海、阪急が優勝争いをすることが多かったパ・リーグでさほど注目をされている存在ではなかった。だから、もちろん、それほどのスター選手や注目選手がいるわけではないロッテの試合は、メディアでそんなに多く扱われるものでなかった。

当時のパ・リーグの試合は球場が満員になることがほとんどなかった。閑古鳥が鳴くという言葉もあるが、そんな状況がしばしばあったのが現実だ。だから、かえってオヤジたちのヤジがよく聞こえる。グラウンドの選手や監督にも直接聞こえていた。

アルコールの勢いもあって、ヤジを飛ばすオヤジのボルテージは上がっていく。ことに西鉄から引き継いだ当時の太平洋クラブ（現・埼玉西武）ライオンズの本拠地である福岡の平和台球場では気性が荒い博多っ子たちが、なかなか勝利を得られない太平洋に対してのいら立ちもあって、対戦相手へのヤジはどんどんと過激なものになっていた。スタンドはそれほど入っていたわけではなかったから、そんなヤジがイヤでも耳に入ってくる。

そんなことがあって、ロッテの金田監督は「福岡のファンは品が悪いなぁ」などということを口にした。それが報じられると、平和台につめかけているオヤジファンたちはさらに逆上した。

「何いうとるんじゃ、金田。お前こそ○○人やろ。どっちが下品なんじゃ」

「金田、お前なんか早よ○○へ帰らんかい」

「何やってもええけん、○○球団には負けとれんけんなぁ」

などという民族差別といえるヤジというか、罵声が乱れ飛んでいた時代である。しかも観客がそれほどいるわけではない平和台球場である。金田監督は聞くにたえないそんなヤジに思わず答えてしまう。

「何いうとるんや。かかってこいや」

という態度を示して応戦した。こうしたことが試合内容以上にクローズアップされ、「太平洋クラブvs.ロッテの遺恨試合」という取り上げられ方をされるようになっていった。

こうして試合のたびに金田監督と太平洋ファンとのいざこざも平和台名物となった。そして試合以上に、そのことのみが報じられるようになり、「遺恨試合」そのものが内容より、騒動だけが取り上げられるようになった。

もっとも、この遺恨試合騒動に関しては、じつは当時、注目度が低かったパ・リーグの試合が少しでも注目を浴びるようにと、ある程度、仕組んで意図的に遺恨試合としたのではないかと伝えられている。

プロ野球には、そんな時代もあったということである。

プロ野球《やきゅう》「因縁《いんねん》の対決《たいけつ》」読本《どくほん》
球史《きゅうし》を彩《いろど》った超人《ちょうじん》たちの29のストーリー

2023年9月1日　第1刷発行

著　者　手束《てづか》仁《じん》

ブックデザイン　福田和雄（FUKUDA DESIGN）
本文DTP・図表デザイン　サカヨリトモヒコ

発行人　畑 祐介
発行所　株式会社 清談社Publico
〒102-0073
東京都千代田区九段北1-2-2　グランドメゾン九段803
Tel. 03-6265-6185　Fax. 03-6265-6186

印刷所　中央精版印刷株式会社

ISBN 978-4-909979-49-0 C0075

清談社
Publico

http://seidansha.com/publico
Twitter @seidansha_p
Facebook http://www.facebook.com/seidansha.publico

清談社
Publico

手束仁の好評既刊

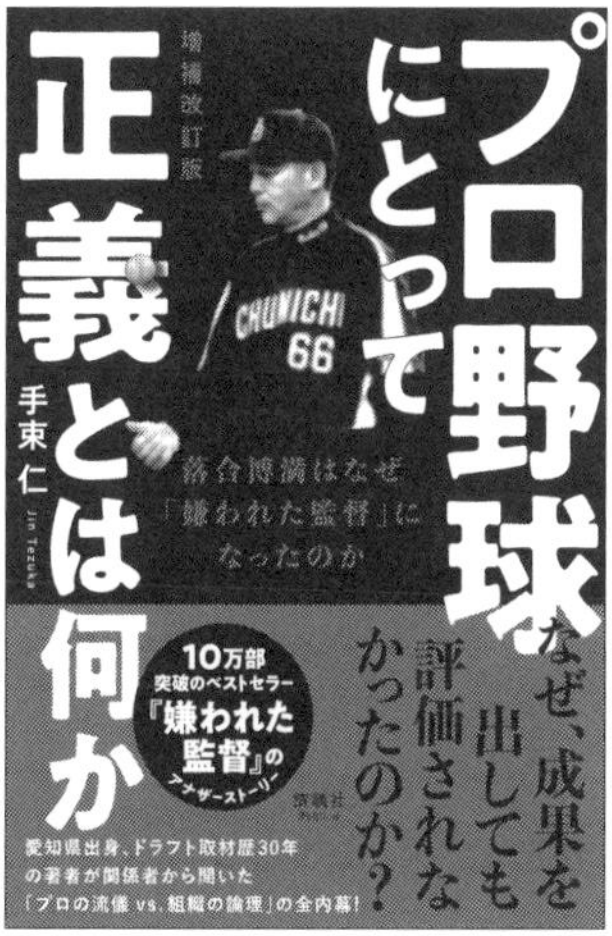

プロ野球にとって正義とは何か 増補改訂版

落合博満はなぜ「嫌われた監督」になったのか

愛知県出身、ドラフト取材歴30年の著者が関係者から聞いた「プロの流儀 vs. 組織の論理」の全内幕。なぜ、成果を出しても評価されなかったのか。10万部突破のベストセラー『嫌われた監督』のアナザーストーリー。

ISBN:978-4-909979-26-1　定価：本体 1,500 円+税